L'ENFANCE DU MONDE

SIMPLE HISTOIRE

DE

L'HOMME DES PREMIERS TEMPS

PAR

EDWARD CLODD, F.R.A.S.

« Comme un enfant qui pleure,
Pleure, mais sait que son père est tout près. »
IN MEMORIAM.

PARIS
LIBRAIRIE GERMER BAILLIÈRE & Cie
108, Boulevard Saint-Germain, 108.

1882.

L'ENFANCE DU MONDE

SIMPLE HISTOIRE

DE

L'HOMME DES PREMIERS TEMPS

PAR

EDWARD CLODD, F.R.A.S.

« Comme un enfant qui pleure,
Pleure, mais sait que son père est tout près. »
In Memoriam.

PARIS
LIBRAIRIE GERMER BAILLIÈRE & Cie
108, Boulevard Saint-Germain, 108.

1882.

« J'ai lu votre petit livre avec plaisir. Je ne doute pas qu'il ne fasse du bien, et j'espère que vous continuerez votre œuvre. Rien ne nous irrite plus que d'avoir à désapprendre dans la jeunesse, l'âge mur et même dans la vieillesse, bien des choses qu'on nous a enseignées dans l'enfance. Un livre comme le vôtre préparera dans l'esprit de l'enfant un fond meilleur, et j'ai été charmé de l'avoir pour le lire à mes enfants. »
(Extrait d'une lettre du professeur Max Müller à l'auteur.)

« C'est un livre que des enfants très jeunes peuvent comprendre et que des personnes d'un âge mûr parcourront avec plaisir et avantage. » SPECTATOR.

« Un charmant petit livre que nous aimerions voir entre les mains de tous les enfants. Il est écrit pour la jeunesse, mais bien des personnes d'un âge plus avancé y trouveront des sujets d'intérêt. Il met à la portée de la jeunesse les enseignements les meilleurs et les plus larges de Tylor, Lubbock et autres, et nous l'accueillons avec joie comme précurseur d'une série de meilleurs livres pour les enfants. » WESTMINSTER REVIEW.

PRÉFACE DU TRADUCTEUR.

En ce moment où, en France, on s'occupe tout spécialement de l'éducation, il m'a semblé que je ne pouvais mieux faire que d'y faire connaître un auteur qui joint à beaucoup de savoir le don d'écrire pour la jeunesse. Le petit livre l' « Enfance du Monde » est bien connu en Angleterre, où il a passé par vingt-deux éditions ; il a été traduit en allemand, en suédois et en italien, imprimé en relief pour les aveugles, et, en Italie, il est en usage aux écoles. C'est avec l'espoir qu'il sera aussi apprécié dans notre pays que je le présente à la jeunesse française.

J. E. S.

Dieppe, le 1er Mai 1882.

PRÉFACE DE L'AUTEUR.

Pour l'avertissement des parents et de tous ceux entre les mains desquels ce livre tombera, il sera bon d'observer que c'est un essai, en l'absence d'un ouvrage élémentaire de ce genre, de raconter, en paroles aussi simples que le permet le sujet, l'histoire du progrès de l'homme, depuis les temps inconnus de sa première apparition sur la terre jusqu'à l'époque d'où partent généralement les historiens.

Il est évident que l'étude de la condition première de l'homme devrait précéder celle de toute période plus moderne de son histoire ; mais il faut nous rappeler que c'est à peine depuis quelques années que nous avons acquis des connaissances sur ce sujet qui n'entre pas, ou fort peu, dans le programme des études de nos écoles.

Grâce aux recherches patientes et minutieuses des savants qui font disparaître rapidement les encombres de la route, il nous est possible de retracer la marche par laquelle, avec des degrés variables de progrès, différentes races ont avancé de l'état sauvage à la civilisation, et de donner à l'histoire de la famille humaine une unité que rendraient impossible les données d'une chronologie arbitraire.

Comme l'indique la table des matières, la première partie de ce livre décrit le progrès de l'homme dans les choses matérielles, tandis que la deuxième cherche à expliquer comment, parti de croyances religieuses bien grossières, il s'est élevé à des conceptions plus élevées.

Quoique cet ouvrage soit écrit pour la jeunesse, j'ose espérer qu'il offrira aux personnes plus âgées, qui voudront bien se contenter de la simplicité du style, des sujets d'intérêt sur l'homme primitif.

Bien que j'ai cru devoir éviter, dans un ouvrage de ce genre, d'encombrer les pages d'additions marginales et de citer les sources où j'ai puisé, je me suis efforcé de vérifier mes assertions, qui sont empruntées pour la plupart aux œuvres de Tylor, de Lubbock, de Nilsson, de Waitz et autres ethnographes auxquels j'exprime bien sincèrement mes obligations.

Je n'ai pu qu'effleurer dans cet ouvrage les différentes phases du progrès humain, mais en essayant de renfermer un vaste sujet dans un petit espace, j'ai surtout voulu éviter d'interrompre la continuité de l'histoire.

E. C.

133, Brecknock Road, London. Décembre 1872.

TABLE DES MATIÈRES

PREMIÈRE PARTIE

Chapitres.		Pages.
I.	Introduction.	1
II.	Les premiers besoins de l'homme.	7
III.	Les premiers outils de l'homme.	10
IV.	Le feu.	14
V.	Cuisine et poterie.	15
VI.	Habitations.	16
VII.	Usage des métaux.	18
VIII.	Antiquité de l'homme sur la terre.	22
IX.	Les hommes devenus bergers, fermiers et marchands.	25
X.	Le langage.	29
XI.	L'écriture.	33
XII.	L'art de compter.	35
XIII.	Les hommes s'eloignant de leur berceau primitif.	37
XIV.	Progrès de l'homme en toutes choses.	40
XV.	Décadence des peuples.	41

DEUXIÈME PARTIE

Chapitres.	Pages.
I. — Introduction.	45
II. — Premières questions de l'homme.	47
III. — Mythes.	49
IV. — Mythes sur le soleil et la lune.	51
V. — Mythes sur les éclipses.	53
VI. — Mythes sur les étoiles.	54
VII. — Mythes sur la terre et l'homme.	57
VIII. — Premières idées de l'homme sur l'âme.	59
IX. — Croyance dans la magie et la sorcellerie.	62
X. — Crainte de l'inconnu.	64
XI. — Fétichisme.	66
XI. — Idolâtrie.	68
XIII. — Adoration de la nature.	69
1. Adoration de l'eau.	
2. Adoration des arbres.	
3. Adoration des animaux.	
XIV. — Polythéisme ou croyance en beaucoup de dieux.	72
XV. — Dualisme ou croyance en deux dieux.	76
XVI. — Prière.	78
XVII. — Sacrifice.	79
XVIII. — Monothéisme ou croyance en un seul Dieu.	81
XIX. — Trois histoires sur Abraham.	85
XX. — Croyance de l'homme en une vie future.	89
XXI. — Livres sacrés.	92
XXII. — Conclusion.	95

L'ENFANCE DU MONDE.

PREMIÈRE PARTIE.

CHAPITRE Ier.

INTRODUCTION.

Tout dans ce vaste monde a une histoire, c'est-à-dire toutes les choses qui nous entourent n'ont pas toujours été telles que nous les voyons, mais nous pouvons apprendre comment elles sont devenues ce qu'elles sont.

Les petites pierres mêmes qui se trouvent sur les bords du chemin ou dans nos jardins, ont une histoire plus merveilleuse que les contes de fées qu'on vous a racontés, et des hommes savants l'ont découverte après des peines infinies; et s'il en est ainsi pour des pierres insensibles et bien d'autres objets qui ne peuvent pas parler, il est aisé de croire qu'on peut écrire une histoire plus merveilleuse encore sur des êtres vivants.

C'est l'histoire de l'être vivant le plus merveilleux que je désire vous raconter. Vous croirez peut-être que je vais vous décrire quelque monstre effrayant, au poil crépu, aux défenses énormes, qui a vécu sur la terre il y a des milliers d'années, car les enfants (et, du reste, quelques grandes personnes aussi) s'imaginent aisément que les choses énormes seules sont merveilleuses, ce qui n'est pourtant pas le cas. Par exemple, les jolies cellules à six côtés que fait l'abeille offrent plus d'intérêt que les branches entassées qui servent de hutte au chimpanzé, singe d'Afrique; et les petites fourmis, qui gardent des pucerons pour les traire, comme nous avons des vaches pour nous donner du lait, et qui saisissent les jeunes d'une autre colonie de fourmis pour en faire des esclaves, sont plus merveilleuses que l'énorme rhinocéros.

Eh bien, c'est de *vous-mêmes* que je vais vous parler, car je voudrais que vous sachiez, d'après les recherches faites jusqu'à présent, comment il se fait que vous êtes ce que vous êtes et que vous vous trouvez là où vous êtes. Notez bien, je ne dis pas *comment* ou *pourquoi* vous existez, car Dieu seul sait cela, et il n'en a dit le secret à nul ici-bas, mais il nous le dira peut-être un jour dans un autre monde.

Peut-être vous dites-vous qu'il n'y a rien de merveilleux à être où vous êtes, et à posséder les bonnes choses dont vous jouissez; qu'on les a toujours eues ou qu'on pouvait les acheter dans les magasins, que, dès les premiers moments de leur séjour sur la terre, les hommes pouvaient cuire leur nourriture et manger des glaces et du dessert, qu'ils s'habillaient bien, avaient une bonne écriture, habitaient de belles maisons et bâtissaient de splendides églises avec des vitraux peints, comme on fait de nos jours.

Si vous vous figurez cela, vous avez tort, et je vous montrerai que l'homme a été d'abord grossier et sauvage, effrayé à la vue de son ombre et plus terrifié encore au grondement du tonnerre et à la lueur de l'éclair. Il croyait voir les yeux flamboyants et entendre le battement des ailes de l'Esprit vengeur venant du soleil, et il lui a fallu bien des milliers d'années pour devenir éclairé et habile comme il l'est aujpurd'hui.

Pour parvenir à lire, il vous a fallu apprendre l'A B C, et vous apprenez chaque jour des choses qui vous aideront à être utiles quand vous serez grands et que vous aurez votre part de travail en ce monde où toute paresse est un péché; et l'homme, lui aussi, a dû commencer par apprendre pour arriver à des connaissances pas à pas et par une route pénible.

Il n'y avait personne pour lui dire, comme à vous, pourquoi certaines choses se font et quelle est la meilleure manière de les faire; il avait à trouver par lui-même en se servant de l'intelligence que Dieu lui a donnée, et il lui a fallu essayer bien des fois avant de réussir, comme vous le faites pour une leçon difficile.

Il y a plusieurs raisons pour nous faire croire que l'homme était d'abord sauvage et nu et que c'est par un progrès bien lent qu'il s'est vêtu et civilisé. Ainsi on a trouvé en Europe, en Asie, en Afrique et en Amérique, mais surtout en Europe, des milliers d'outils et d'armes dont se servaient les hommes des premiers âges, et qui sont semblables aux outils et aux armes dont se servent de nos jours, sur différents points du globe, des sauvages chez qui on ne trouve aucune trace d'un passé civilisé. A travers les mers orageuses, bien loin d'ici, en Australie, à Bornéo, à Ceylan, îles qu'il faut apprendre à trouver sur un globe, il y a encore maintenant des créatures si sauvages, que si vous les voyiez vous auriez peine à croire que ce sont des êtres humains. Vous les prendriez plutôt pour des animaux sauvages à forme humaine, car ils se couvrent de boue, se nourrissent de racines et habitent de misérables huttes ou cherchent un abri dans les forêts. Le mot « sauvage » signifie *celui qui vit dans les forêts*.

Pour vous dire comment vivaient les premiers hommes, il faut nous transporter dans un passé bien lointain, même avant l'époque où commencent les histoires des différents pays. Les hommes ont eu beaucoup à apprendre avant d'arriver à écrire leur histoire et de vivre en commun en formant une nation; bien des siècles s'écoulèrent avant qu'ils nous aient laissé d'autres traces que les outils que je vais vous décrire, de la poterie cassée et des os marqués de quelques dessins informes.

Il faut nous transporter non-seulement avant l'époque de la conquête par les Normands, mais même avant celle où, en Angleterre, alors appelée Bretagne, les habitants sauvages avaient pour demeures des huttes de terre, se nourrissaient de fruits et de la chair d'animaux sauvages, se barbouillaient le corps du suc bleu de la plante nommée guède et adoraient les arbres, le soleil et la lune. Je vous parlerai d'un temps bien plus reculé encore, où il n'y avait pas de mer entre l'Angleterre et la France, où il n'existait ni Manche, ni mer du Nord!

Quand plus tard vous étudierez les rochers et les collines, au lieu de ne chercher vos connaissances que dans les livres, vous aurez les preuves de ce que je vous prie de croire à présent, à savoir que, comme les autres mondes qui remplissent avec lui les grands espaces étoilés, ce monde est très, très vieux et toujours changeant, si vieux que les hommes font toutes sortes de suppositions sur son origine. Mais tandis que nous grisonnons et que nous nous couvrons de rides, ce cher vieux monde reste toujours frais et beau, embelli par le radieux soleil de Dieu qui caresse sa surface.

Il nous faudrait faire une autre supposition, si nous voulions fixer un nombre d'années depuis la création de l'homme, et comme nous ne saurions jamais si cette supposition est juste, à quoi bon la faire ? Il nous suffit de savoir — et ceci n'est pas une supposition — que l'Être de toute bonté qui fit le monde, y plaça l'homme à l'époque la plus favorable à son développement, et qu'il ne fait rien en vain, que ce soit un rocher, un arbre ou une fleur, un poisson, un oiseau, un animal ou un homme.

L'homme eut à apprendre beaucoup par lui-même, mais Dieu le pourvut d'outils pour travailler. Il lui donna des yeux pour voir, des oreilles pour entendre, des pieds pour marcher, des mains pour tout manier ; il donna tous ces outils à la partie pensante, à l'intelligence, à l'âme, à l'esprit qui forment l'homme. Le mot « homme » vient d'un mot très vieux, qui signifie *pensée ;* donc un homme est *celui qui pense.* En nommant une chose, on prenait le mot qui la désignait le mieux. « Brute » vient d'un mot qui signifie *grossier*, et l'on distingua l'homme des brutes qui lui ressemblent en bien des choses, et des végétaux qui respirent comme lui, en le désignant comme l'être *pensant*.

Si j'interromps parfois mon récit pour vous expliquer le sens de certains mots, vous m'en remercierez un jour, car, comme je viens de vous le montrer, il existe une raison, souvent même très belle, pour les noms que portent les choses; et, parfois, les mots qui nous restent de peuples depuis longtemps disparus, nous en apprennent plus sur leur compte que les traces qu'ils ont laissées.

Il y a même un cas où les mots d'un peuple disparu sont le seul indice qui nous révèle que ce peuple, dont nous descendons, a vécu autrefois en Asie. On n'a jusqu'à présent trouvé nulles traces, ni d'outils, ni d'habitations, ni inscriptions sur rochers ou sur briques, et pourtant nous savons que ce peuple a existé, parce que les mots dont il se servait sont venus jusqu'à nous, et nous les employons encore sous différentes formes et avec d'autres significations, ce dont je vais vous donner un exemple.

En anglais, les filles d'une famille s'appellent « *daughters*. » Ce mot vient d'un autre qui lui ressemble beaucoup, que ce peuple ancien, les Ariens, comme nous les nommons, donnait à ses filles et qui signifie : *femme qui trait*. Cette expression nous apprend qu'ils avaient dépassé l'état sauvage et qu'ils avaient des chèvres et des vaches dont ils utilisaient le lait. De même si le peuple anglais avait disparu de la face de la terre sans laisser d'autres traces que les mots dont il se servait, nous saurions que les filles anglaises avaient appris à filer (*to spin*) parce qu'on vint à appeler *spinsters* des femmes non-mariées.

CHAPITRE II.

LES PREMIERS BESOINS DE L'HOMME.

Les premiers hommes furent placés sur cette terre sauvages et nus, ne se doutant pas des richesses qu'elle contenait, n'apprenant que peu à peu à la dorez de blé ondoyant et à en arracher le fer et les autres métaux si utiles.

La première pensée de l'homme dut être pour les besoins de son corps, son premier désir, d'avoir de la nourriture à manger, du feu pour se chauffer et un abri quand, à la nuit tombante, les bêtes fauves rugissaient autour de lui.

Notez comment, dès le premier pas qu'il fait, l'homme diffère de la brute.

Dans quelque lieu que Dieu ait placé la brute, il l'a couverte selon la température et a mis à sa portée la nourriture dont elle avait besoin. Mais il a placé l'homme ici nu, le laissant trouver par lui-même la nourriture et les vêtements les mieux adaptés aux différentes parties du globe. Si Dieu lui avait donné une peau couverte de poils épais, il n'aurait pu si facilement s'acclimater dans divers lieux ; donc il est nu, mais avec la faculté de réfléchir et de se guider par la raison. La brute reste toujours brute, tandis que l'homme ne s'arrête jamais, mais perfectionne ce qu'ont fait ceux qui l'ont précédé.

L'homme n'a pas l'œil perçant de l'aigle, mais il a la faculté de faire des instruments qui, non-seulement nous font voir des étoiles dont la lumière met mille ans pour arriver jusqu'à nous, mais nous font découvrir aussi les métaux qui se trouvent dans le soleil et dans d'autres astres; l'homme n'a pas l'agilité du cerf, mais il a la faculté de construire des locomotives qui lui font traverser quatre-vingts kilomètres à l'heure; il n'a pas la force du cheval, mais il a inventé des machines qui ont la force de cent chevaux.

Toutes les facultés de l'homme, celles du corps et celles de l'esprit, se développent par l'usage. Le sauvage qui exerce constamment toutes les aptitudes de son corps pour se procurer la nourriture, a le pied plus agile et l'œil plus exercé que l'homme civilisé ; mais celui-ci, se servant de son intelligence, surpasse le sauvage dans les connaissances qu'il acquiert et qu'il sait mettre à profit, mais dont il fait aussi un mauvais usage.

Je vous ai dit que les premières choses dont l'homme eut besoin, furent la nourriture, la chaleur et un abri.

Bien avant qu'il existât, les ruisseaux d'eau pure coulaient sur la pente des montagnes et à travers les vallées qu'ils avaient aidé à former, et ils coulaient encore sans jamais s'arrêter, de sorte que l'homme put sans peine étancher sa soif, et s'établit naturellement près du ruisseau. Mais la nourriture dont il avait besoin était plus diffficile à trouver. Il dut se contenter de fruits sauvages et de baies, et s'abriter sous un arbre, au pied d'un rocher en surplomb ou dans une caverne. Il désirait sans doute comme nourriture le poisson qui disparaissait rapidement à ses yeux, ou le renne qui bondissait près de lui et se perdait dans les épaisseurs de la forêt, mais pour cela il aurait fallu des instruments pour les tuer.

Il y a peu de choses impossibles à la main si admirablement formée de l'homme, mais il lui faut des outils. On ne peut couper le bois ou la viande sans couteau, ni écrire sans plume, ni clouer sans marteau.

CHAPITRE III.

LES PREMIERS OUTILS DE L'HOMME.

Une des premières choses qu'il fallut à l'homme fut un outil tranchant, plus dur que ce qu'il avait à couper. Il ignorait qu'il existât des métaux, quoiqu'il y en eût plusieurs, mais pas les plus durs, à fleur de terre, et il utilisa les pierres qu'il trouvait autour de lui. Les hommes de science (c'est-à-dire *ceux qui savent*, parce que « science » vient d'un mot signifiant *savoir*) ont donné le nom « d'âge de pierre » à ce passé lointain où la pierre, l'os, le bois et la corne servaient à faire des outils. Le silex fut beaucoup utilisé, parce qu'un fort coup le brisait en éclats minces comme la lame d'un couteau. On aiguisait aussi le silex en pointe, ou bien on en faisait des espèces de marteaux, en le taillant avec un caillou arrondi ou quelque autre pierre. Il y en a beaucoup en forme d'amande, avec un bord tranchant tout autour; leur grandeur varie, ils sont parfois longs de seize centimètres et larges de huit, et on en trouve aussi de plus grands.

On a surtout trouvé ces anciennes armes de pierre, non aiguisées et non polies, dans des endroits connus sous le nom de « diluvium, » c'est-à-dire sous le gravier, l'argile et les pierres qu'entraînent avec elles les eaux dans leur course continue.

Dans ces premiers temps de l'histoire de l'homme, d'énormes animaux sauvages partageaient l'Europe avec lui. Il y avait les mammouths ou éléphants au poil crépu, les rhinocéros, les hippopotames; de plus, des lions, des ours et des hyènes des cavernes et d'autres animaux beaucoup plus grands que ceux qui se trouvent aujourd'hui sur le globe. Il est certain qu'ils ont vécu en même temps que l'homme, parce qu'on a trouvé leurs os sous des couches de terre, à côté de ceux de l'homme et des armes qu'il avait faites.

D'année en année, les hommes perfectionnèrent leurs outils et leurs armes ; peu à peu ils parvinrent à bien former des flèches et des lances, des poignards, des haches, des marteaux et d'autres instruments, et ce n'est que bien plus tard qu'ils apprirent à les polir. Rappelez-vous que dans ce que nous appelons « l'âge de la pierre taillée » les hommes apprirent à tailler les pierres, et dans « l'âge de la pierre polie » à les polir.

Les armes et les outils les plus parfaits ont été principalement trouvés dans les cavernes, qui, comme vous l'apprendrez dans des livres de géologie, ont été creusées par les eaux bien des siècles avant que la terre ait été habitée par des êtres vivants. Les premiers hommes en faisaient leurs demeures, mais aussi des lieux de sépulture ; et, à en juger d'après les restes qu'on y a trouvés, il est probable que les funérailles étaient des occasions de fêtes, et qu'on plaçait près des morts de la nourriture et des armes avec l'idée que ces armes et ces provisions leur étaient indispensables pour entreprendre le long voyage à un autre monde. Il est vrai qu'on n'a trouvé que peu d'os des premiers hommes, mais il ne faut pas nous en étonner, et nous rappeler que les œuvres de l'homme sont bien plus durables que ses restes, et que, depuis une époque très ancienne, l'usage de brûler les morts était très répandu.

Il est aisé de comprendre de quelle utilité furent à l'homme les armes que je vous ai décrites, non-seulement pour se défendre lui et les siens contre les attaques des animaux sauvages, mais aussi pour tuer ces monstres et se procurer ainsi de la nourriture pour sa famille croissante. Il est certain qu'il les tuait et les mangeait, se vêtait de leurs peaux et faisait de leurs mâchoires des armes formidables.

Figurez-vous tout ce que durent faire les premiers hommes avec des pierres grossièrement taillées. Ils abattaient des arbres, et peut-être à l'aide du feu creusaient les troncs pour en faire des canots, car ils avaient remarqué que le bois flotte à la surface de l'eau ; ils tuaient l'animal qui leur servait de nourriture, en coupaient la chair et en brisaient les os pour sucer la moëlle ; ils fendaient les coquillages pour manger les mollusques et faisaient mainte autre chose avec des outils qui nous semblent rudes et émoussés.

Pendant que nous parlons de cet âge de pierre, je vous dirai qu'il se trouve, sur différentes parties du monde, des ruines de pierre plus ou moins considérables et datant d'époques très reculées, les unes composées de colonnes avec une pierre plate comme toit, d'autres bâties en pointes comme les grandes pyramides d'Egypte.

Ainsi que les cavernes, ces constructions servaient de sépultures, mais parfois elles marquaient l'emplacement témoin de quelque acte de bravoure ou de quelque évènement mémorable.

L'accumulation de pierres était un moyen facile et

durable de graver ces faits dans la mémoire des hommes, comme nous élevons des statues en l'honneur de nos grands hommes et des monuments en mémoire de leurs actes de bravoure, d'héroïsme et de dévouement. Lorsque ces constructions devaient servir de tombeaux, elles étaient plus ou moins importantes, selon le rang de la personne qui devait y reposer. Les cercles de pierre dressées — comme celui de Stonehenge — ont probablement été élevés comme lieux d'adoration.

Vous avez maintenant appris qu'à l'époque où la pierre servait à faire les armes et les outils, les hommes menaient une vie sauvage et nomade, qu'ils mangeaient les racines, les baies et les fruits, la chair crue des animaux qu'ils tuaient, et, chose triste à dire, parfois la chair de leurs semblables ; qu'ils se couvraient, lorsque la température l'exigeait, de peaux d'animaux cousues ensemble au moyen d'aiguilles en os et de tendons en guise de fil. Il faut maintenant voir comment ils s'y sont pris pour faire du feu.

CHAPITRE IV.

LE FEU.

Il y a beaucoup d'histoires curieuses sur la manière dont le feu fut d'abord obtenu, mais ce ne sont que des suppositions qui ne nous amèneront pas à la vérité. Les hommes ont toujours été prompts à se servir de leur sens commun, et l'observation leur apprit qu'ils obtiendraient du feu en frottant l'un contre l'autre deux morceaux de bois. En faisant leurs armes de silex, ils voyaient jaillir les étincelles, mais ils observaient que le silex ne prenait jamais feu. Quand ils avaient froid, ils se frottaient les mains l'une contre l'autre et en éprouvaient de la chaleur. Avec un morceau de bois terminé par une pointe émoussée, ils firent une entaille dans un autre morceau de bois et frottèrent l'un dans l'autre. Ils sentirent que les deux morceaux se chauffaient, puis les étincelles jaillirent et la flamme éclata.

Les voyageurs nous apprennent que les sauvages produisent de cette manière du feu en quelques secondes, et que les habitants des îles du nord de l'Europe trouvent un oiseau si plein de graisse qu'en allumant une mèche qu'ils passent à travers son corps, l'oiseau brûle comme une chandelle!

Dans les temps dont je vous parle, le feu était aussi utile qu'il l'est de nos jours aux voyageurs comme protection contre les bêtes fauves, et, pour bien des raisons, les premiers hommes durent entretenir leur feu en l'alimentant du bois qu'ils trouvaient en si grande abondance.

CHAPITRE V.

CUISINE ET POTERIE.

D'abord les hommes mangèrent la chair crue, comme le font encore de nos jours quelques tribus du nord, puis ils voulurent la cuire, mais ils n'eurent pas d'autre idée que de mettre la viande dans le feu. Plus tard ils apprirent à creuser un trou dans lequel ils mettaient la peau épaisse et dure de l'animal qu'ils avaient tué, le remplissaient d'eau, y plaçaient la viande, puis, mettant au feu des pierres, ils les y jetaient toutes rouges jusqu'à ce que l'eau fût assez chaude pour cuire la viande. Peu à peu ils découvrirent une meilleure manière, en fixant par dessus le feu des bols de bois qu'ils enduisaient d'argile pour les empêcher de brûler. Observant ainsi que le feu durcissait l'argile, ils apprirent à l'employer elle-même et à en former des vases qu'ils séchèrent au soleil ou devant le feu, et ce fut là l'origine du bel art de faire la faïence.

CHAPITRE VI.

HABITATIONS.

Outre les cavernes où ils s'abritaient, les premiers hommes creusaient des trous, formaient un mur avec la terre qu'ils en retiraient et le couvraient de branches. Parfois, s'il se trouvait quelques blocs de pierre épars, on les réunissait, et l'on formait une hutte primitive, mais solide. On a trouvé dans des lacs, et surtout dans ceux de la Suisse, des restes d'habitations bâties sur des pilotis enfoncés dans le lit du lac. La forme de ces pilotis prouve qu'ils avaient été taillés avec des haches de pierre ; de là nous concluons que les hommes vivaient de cette étrange manière dans des temps très reculés, probablement pour être moins exposés aux attaques de leurs ennemis et à celles des bêtes fauves. Ce n'est pas seulement dans l'âge de pierre que les hommes vivaient de cette façon ; il y a encore de nos jours, dans les Indes orientales, dans l'Afrique centrale et dans d'autres endroits, des peuples qui ont adopté ce genre de demeures. Ces habitants des lacs avaient acquis une grande habileté dans l'usage de leurs haches de pierre; non-seulement ils abattaient les arbres, mais ils tuaient l'ours, le loup et le sanglier, tous animaux très féroces alors. Ils avaient appris à pêcher avec des filets de lin, qu'ils tenaient à flot au moyen de bouées d'écorce, en y attachant des pierres pour les faire toucher au fond.

Outre ce que nous savons sur les habitations des premiers hommes, on a trouvé sur les côtes du Danemarck, de l'Ecosse et ailleurs encore, d'énormes tas qu'on a nommés « kjökkenmöddings » ou débris de cuisine. Ils nous apprennent ce dont se nourrissaient les peuplades de ces côtes, car ils sont formés surtout de coquilles d'huitres, de moules, de vignots, etc. On y trouve aussi des os de cerfs et d'autres animaux, des os d'oiseaux, des couteaux de silex et d'autres choses.

Je vous ai montré maintenant comment les hommes se sont procuré les trois choses dont ils avaient tout d'abord besoin, la nourriture, le feu et un abri ; et vous vous demandez peut-être comment ils se parlaient dans l'âge de pierre, et de quels mots ils se servaient. Nous n'arriverons jamais à le savoir ; mais il est bien certain qu'ils avaient un moyen de se communiquer leurs pensées, et que, petit à petit, ils avaient appris à parler, à écrire et à compter, comme ils avaient acquis d'autres connaissances. Ils avaient même quelque idée du dessin, car on a trouvé des os et des morceaux d'ardoise avec de grossières ébauches de mammouths, de rennes et d'autres animaux. Ces dessins informes qui éclairent d'un jour si vif un monde qui n'est plus, sont une preuve de plus que l'homme est supérieur à la brute, qui n'est parvenue ni à dessiner, ni à allumer du feu. J'aurai plus tard à vous reparler du langage et de l'écriture.

CHAPITRE VII.

USAGE DES MÉTAUX.

Par la suite des temps, un homme plus habile que son entourage, à l'œil plus prompt, au cerveau plus actif, découvrit les métaux que la terre contient, et ce fut un gain que nous ne saurions assez apprécier. L'avantage que nous en tirons est énorme : nous les employons de mille manières; sans eux on n'aurait pu construire de vaisseau assez grand et assez fort pour traverser l'océan, ni de machine à vapeur pour nous faire voyager avec rapidité. Il est certain que, s'ils n'avaient pas été decouverts, l'homme ne se serait pas civilisé.

Dans toute l'histoire de ses progrès, il ne fouilla jamais la terre en vain. C'est dans son sein qu'il trouva les métaux, lorsque la pierre ne suffit plus au travail qu'il voulait faire ; c'est là encore qu'il trouva les vastes couches de charbon dont il alimenta son feu quand le bois vint à manquer.

L'or fut probablement le premier métal dont l'homme se servit. Son regard fut frappé de l'éclat de l'or, qui, différant en cela d'autres métaux, se trouve parfois dans les rivières et sur certains rochers à la surface de la terre. Il faut le mêler avec un autre métal afin de le rendre assez dur pour un usage général, et, à l'état brut, il ne fut pas difficile d'en faire des ornements. Les barbares et les peuples civilisés ont en commun l'amour de la parure. On a trouvé des colliers de coquillages et d'ambre qui ont été faits dans l'âge de pierre, et de nos jours les sauvages tiennent à la parure plus qu'au vêtement. Pour se faire tout particulièrement beaux, ils tracent, avec un instrument pointu, des lignes courbes sur leur figure, leur corps et leurs membres, et remplissent les marques ainsi faites avec de la couleur; c'est ce qu'on appelle tatouer. Nous voyons par là que les hommes ont, partout et de tout temps, désiré être beaux, même au prix de peines et de souffrances; mais cela nous montre aussi que l'amour du beau ou de ce que l'homme croit beau lui est inné, et c'est par là encore qu'il se distingue de la brute. Un troupeau de vaches ne cessera jamais de brouter l'herbe pour admirer le soleil couchant, et vous ne verrez jamais un cheval ou un singe avoir une expression radieuse à la vue d'un arc-en-ciel.

On se servit de bonne heure du cuivre, parce que, comme l'or, on le trouve souvent pur de tout mélange, et, qu'étant mou, on put facilement le travailler. Là où il était rare et où on pouvait trouver de l'étain, le feu servait à fondre et à mélanger les deux métaux, ce qui produisit le joli métal dur et utile qu'on appelle bronze. On en fit des armes en versant la masse fondue dans des formes de pierre ou de sable.

L'âge où l'on se servit de ces métaux fut appelé « l'âge de bronze. » Il se passa bien du temps encore avant que le fer ne fût fondu et séparé du minérai avec lequel on le trouve, parce que c'est un ouvrage très difficile et qui demande plus d'habileté que les hommes n'en avaient alors; mais lorsqu'ils eurent réussi à le fondre et à le mouler, le fer remplaça le bronze pour des lances, des sabres, des haches, etc., et l'on employa le bronze pour les manches et les ornements. On a trouvé parmi les ruines, dans les lacs de la Suisse, beaucoup d'ornements en bronze, des boucles d'oreille, des bracelets et des épingles à cheveux.

Ce ne fut que plus tard encore qu'on utilisa l'argent et le plomb.

Vous avez appris maintenant comment les différents outils et les ornements évidemment faits de main d'homme et trouvés dans les cavernes et les lits des rivières, quelquefois à une grande profondeur, nous ont amenés à la certitude que l'homme a vécu bien des milliers d'années avant que nous n'ayons sur lui des histoires écrites sur le papyrus ou peintes sur les murs des tombeaux. (Le papyrus est le jonc dont les anciens faisaient leur papier; de là vient notre mot papier.)

Pour marquer les grades dans les progrès de l'homme, on divise l'histoire de ses premiers temps en trois périodes qui prennent le nom des métaux dont il se servait.

1° L'âge de pierre, divisé, comme je vous l'ai dit à la page 11, en âge de la pierre taillée et en âge de la pierre polie;

2° L'âge de bronze;

3° L'âge de fer.

Quand vous irez au « British Museum, » allez dans la salle des British Antiquities » et vous y verrez les armes et les outils de silex et de métal que je vous ai décrits.

Nous ne savons combien d'années s'écoulèrent avant la formation du premier outil de silex et la fonte de la première arme de bronze. Nous sommes certains que les hommes employèrent la pierre avant le bronze et le fer et qu'il y avait des tribus restées dans l'âge de pierre quand d'autres avaient déjà découvert l'utilité des métaux. Les trois âges se confondent comme les trois principales couleurs de l'arc-en-ciel.

Ainsi, tandis qu'une partie des habitations des lacs furent bâties dans l'âge de pierre, un grand nombre appartiennent à l'âge de bronze, et les restes qui ont été découverts nous montrent que les progrès que fit l'homme furent incontestables. Les habitants des lacs avaient appris à cultiver le blé, à faire des provisions pour l'hiver, à tisser des vêtements de lin et à dresser à leur service les animaux les plus utiles, tels que le cheval, le mouton et la chèvre. Bien avant, l'homme avait su apprécier le chien, et les peuplades les plus sauvages en ont laissé la preuve dans les os qu'on a trouvés parmi les tas de coquillages.

Dans l'âge de fer, les progrès furent très rapides; tandis que les variétés de poterie, les monnaies de bronze, la découverte du verre et une foule d'autres inventions nous montrent le progrès dans les objets dont l'homme se servait, elles prouvent aussi que lui-même s'élevait et s'éloignait rapidement de l'état primitif.

CHAPITRE VIII.

ANTIQUITÉ DE L'HOMME SUR LA TERRE.

Au point où nous sommes arrivés, vous me ferez peut-être une question à laquelle je donnerai la meilleure réponse trouvée jusqu'à présent.

Vous me demanderez comment nous savons que ces restes des premiers hommes sont si extrêmement anciens ?

Pour rendre ma réponse aussi claire que possible, je vais vous décrire un des nombreux endroits dans lesquels on a trouvé des os et des armes.

Il y a à Brixham, sur la côte sud de Devonshire, une grande caverne qui a été découverte il y a quatorze ans, quand la partie supérieure se fut écroulée. Le fond en est en stalamigtes, ou particules de pierre calcaire, tombées du haut en gouttes d'eau et redevenues dures comme la pierre. *Stalamigte* vient d'un mot grec qui signifie une *goutte*. Dans ce fond de pierre calcaire, de l'épaisseur d'environ trente centimètres, on a trouvé des os du renne et de l'ours des cavernes, et, au-dessous, dans une couche de terre glaise épaisse de quatre mètres et demi, on a déterré des couteaux de silex et des os de mammouth. Plus bas encore il y a une couche de gravier, d'une épaisseur de plus de six mètres, et dans laquelle on a trouvé des fragments de silex et de petits os. Dans la même caverne où furent trouvés les os des ours et des mammouths, on a déterré plus de trente instruments de silex, et comme il n'y a pas de doute qu'ils aient été taillés de main d'homme, il n'est pas difficile de prouver que l'homme habitait ce pays en même temps que ces animaux le parcouraient.

Mais quelle preuve avons-nous, me direz-vous, que les os de ces animaux soient si anciens ?

D'abord il est certain que, depuis bien des siècles, le mammouth a cessé d'exister, et les os dont je vous parle ont été trouvés à une profondeur considérable ; or, comme personne ne se donnerait la peine de creuser une fosse pour les y placer, il faut qu'il y ait une autre cause pour la formation de la masse de terre glaise sous laquelle ils ont été trouvés.

On peut expliquer de diverses manières la présence de ces os dans la caverne. Les animaux dont nous parlons sont morts peut-être sur le penchant des collines, et les eaux ont entraîné leurs ossements dans la caverne, ou bien ils s'y sont réfugiés, ou, ce qui est plus probable encore, ils en avaient fait leur habitation ; mais, quoiqu'il en soit, nous avons à nous rendre compte des dix mètres de terre glaise et de gravier où furent trouvés leurs restes.

Ile ont été tenus cachés pendant de longues années, par cette force active de la nature qui, avant que le globe fût habité par un être vivant, s'est frayé des ouvertures à travers les rochers, élargissant les vallées profondes, formant les plus hautes montagnes, et creusant les cavernes les plus basses, et qui, maintenant encore, porte la terre d'un lieu à l'autre pour former des continents à venir dans les profondeurs de l'océan. C'est l'eau qui a entraîné ce dépôt dans la caverne de Brixham, qui a recouvert les os et qui, depuis l'époque où le mammouth, l'ours et le renne se trouvaient en Devonshire, a creusé les vallées environnantes à une profondeur de cent pieds de plus. Le temps que met l'eau à rendre son lit plus profond ou à creuser une caverne dépend de la rapidité avec laquelle elle coule ; et vous pouvez vous figurer que le travail du fleuve le plus rapide est lent pour ceux qui l'observent, si je vous dis que la Tamise, dans son cours actuel, met onze mille sept cent quarante ans à rendre sa vallée plus basse d'un pied ! Les savants ont donc quelque raison pour croire que les armes de silex furent faites par des hommes qui ont vécu il y a bien des milliers d'années.

« Mille ans devant tes yeux sont comme le jour d'hier qui est passé et comme une veille dans la nuit. »

La science qui nous prouve le grand âge de la terre nous enseigne aussi l'éternité de Dieu ; et les énormes distances dont nous parlent les astronomes font de l'univers un temple plus digne de lui que ne l'était la terre plane, selon les vieilles notions bornées, pour laquelle seule le soleil donnait sa lumière le jour et la lune et les étoiles la nuit. La science éclaire d'une beauté nouvelle les grandes pensées du psalmiste qui s'inspirait du ciel étoilé en chantant : « Si je monte aux cieux, tu y es ; si je me couche au sépulcre, t'y voilà. »

CHAPITRE IX.

LES HOMMES DEVENUS BERGERS, FERMIERS ET MARCHANDS.

Insensiblement le sauvage aux longs cheveux, qui errait d'un lieu à l'autre, se nourrissant de racines, accroupi derrière un rocher ou un arbre pour se jeter sur sa proie, incertain chaque matin s'il trouverait de quoi assouvir sa faim avant la tombée de la nuit, était devenu berger ou laboureur ; il commençait non-seulement à avoir une idée de l'étendue de la terre sur laquelle il avait été placé, mais aussi à sentir vaguement sa supériorité sur les bêtes des champs et l'oiseau des airs.

Voyant l'utilité de certains animaux, tant pour leur lait et leur chair qui pouvaient servir de nourriture que pour leur peau dont ils faisaient des vêtements, les hommes étaient parvenus à les apprivoiser et à les réunir en troupeaux, et ils allaient de lieu en lieu, s'arrêtant là où ils trouvaient le plus d'herbe. Ce furent là les premiers bergers ou pasteurs ; ils menaient une vie nomade (ce qui veut dire *errante*) et ils habitaient des tentes, parce qu'on pouvait facilement les transporter de lieu en lieu. C'est ainsi que vécut Abraham il y a bien des milliers d'années, et c'est ainsi que vivent encore de nos jours les Arabes et autres tribus nomades.

Tandis que les uns montrèrent une préférence pour la vie de bergers, d'autres choisirent un genre de vie plus stable et devinrent fermiers ou laboureurs. Le mot terre signifie *ce qui est labouré*.

Pour bien faire leur travail, les primitifs outils de pierre de leurs ancêtres ne leur suffirent plus, et il leur fallut des outils faits avec les métaux les plus durs. Comme ils restaient dans le même lieu, ils ne se contentèrent pas de huttes de bois comme les hommes de l'âge de pierre, ni de tentes comme les tribus nomades, mais ils voulurent des maisons bien bâties, avec des écuries et des granges pour leur bétail et leurs grains.

Tous les beaux jours étant consacrés aux travaux des champs, ils employèrent volontiers d'autres hommes pour bâtir leurs maisons et faire leurs outils. C'est ainsi que se développa un art après l'autre, et que le besoin d'aide et de gain réunit les hommes ; les maisons se multiplièrent et devinrent des villages, les villages des bourgs, les bourgs des villes.

Les différentes classes se réunirent pour se défendre contre leurs ennemis ; parfois tous apprenaient l'art de la guerre ou bien l'on faisait choix des plus braves et des plus forts pour former une armée. Des lois furent faites pour le bien-être de tous ; pour les faire respecter, on choisissait pour chef celui que le vote général désignait comme le meilleur et le plus habile.

C'est que, dans ces temps anciens, tout aussi bien qu'à des époques plus récentes, l'envie et les mauvaises passions des hommes causèrent les guerres désolantes qui ont si souvent jeté une ombre sur les scènes joyeuses de ce monde. Il est certain que les laboureurs et les habitants des villes étaient plus enclins à une vie paisible et tranquille que les tribus nomades qui tâchaient d'obtenir par force ce qu'elles convoitaient.

Ce n'est pas à dire que celles-ci eussent toujours tort, mais elles étaient généralement les premières à chercher querelle. On se disputait pour la possession d'un territoire ; les nomades, qui préféraient la paisible indolence de la vie pastorale aux fatigues de l'ouvrier et du maçon, auraient bien voulu avoir leur part des produits dont la terre récompensait le travail des fermiers et convoitaient les armes polies et bien affilées que façonnaient les travailleurs en métaux. Pour bien des causes les passions étaient excitées ; on se querellait, on se battait. Les plus forts subjuguaient les plus faibles, s'emparaient de leurs terres ou les ravageaient et traitaient en esclaves ceux des prisonniers qu'ils épargnaient. C'était une époque, comme bien des époques qui lui ont succédé, où le cœur de l'homme était étranger à tout sentiment de compassion, où il n'avait pas encore appris à faire aux autres ce qu'il aurait voulu qu'on lui fît à lui-même, où il ne suivait que cette loi dure et cruelle : prenne qui veut, garde qui peut.

Mais les guerres ne durent pas toujours : on comprit bien qu'il valait mieux vivre en paix et en bonne entente. On commença à trafiquer ; le fermier, récoltant plus que la nourriture dont il avait besoin, faisait volontiers des échanges ; il donnait de son surplus au berger pour du bétail, à l'artisan pour des outils, à la satisfaction de tous.

A mesure que le trafic augmenta, on trouva malaisé de transporter de lieu en lieu des objets dont on ne pouvait pas toujours se débarrasser, et on s'entendit pour se servir de quelque chose qui fût facile à porter, de valeur non variable et qui ne s'abimât pas.

C'est ainsi que commença l'usage de la monnaie ; on en fit en bronze, puis d'une valeur plus considérable, en or et en argent, ces métaux étant plus rares que les autres. Nous apprenons, par les peintures de Thèbes et par l'histoire ancienne, que, dans des temps très reculés, on estimait comme richesses l'or et l'argent. Le livre de la Genèse (que vous lirez quand vous serez plus âgés) nous dit d'Abraham qu'il était « très riche en bétail, en argent et en or. » Le mot « pécuniaire, » qu'on emploie en parlant de richesses, vient du mot latin *pecus*, qui signifie *bétail*, et prouve qu'autrefois on estimait la fortune d'un homme d'après le bétail qu'il possédait, ce qui est une preuve nouvelle de l'importance qui s'attache à un mot.

Cela me rappelle que j'ai à vous parler du langage, de l'écriture et de l'art de compter.

CHAPITRE X.

LE LANGAGE

Nous ignorons comment l'homme a acquis le merveilleux don du langage; les savants de mainte génération ont tâché de pénétrer ce mystère sans y parvenir.

Le Dieu qui a pourvu l'homme des magnifiques organes au moyen desquels il lui est possible d'émettre une si grande variété de sons, lui donna le pouvoir de créer des noms pour les choses qu'il voyait et pour les pensées qui traversaient son esprit.

Il y a des mots que nous pouvons aisément nous expliquer, ceux qui imitent des sons, comme quand nous parlons du tic-tac d'une horloge, ou quand nous appelons le coucou d'après le son qu'il émet. Des mots de ce genre ne forment qu'une petite portion de l'immense quantité de mots dont est composé un langage et qui, la plupart, viennent de racines très anciennes que nous ne pouvons plus retrouver. D'abord on n'avait que peu de mots, et seulement des mots très courts; pour communiquer à d'autres ses pensées, on se servait de signes, du « langage des gestes » comme on l'a appelé. Nous faisons encore de même; quand nous secouons la tête pour dire « non, » quand nous faisons un petit signe pour dire « oui, » et quand nous serrons la main à quelqu'un en signe d'amitié, nous nous servons du langage des gestes, et nous le ferions bien plus si nous voyagions dans un pays dont la langue nous serait inconnue.

Il y a bien peu de choses qui ne pourraient être exprimées par des signes ou des gestes; et, chez les anciens, des pièces entières étaient représentées, non en paroles, mais en action, par des hommes qu'on appelait pantomimes (ce qui signifie *imitateurs de toutes choses*).

On raconte que, sous le règne de Néron, il vint à Rome un roi qui, admirant le merveilleux talent d'imitation d'un pantomime, pria l'empereur de lui en faire cadeau, afin d'utiliser ce don dans ses relations avec les nations dont il ignorait la langue. Nous sommes maintenant si riches en mots, que nous avons rarement besoin d'avoir recours aux signes.

Les différentes races des hommes semblent être descendues d'une famille, et il en est de même pour les diverses langues qu'on croit pouvoir dériver d'une même source.

Le langage s'est partagé en trois groupes principaux, et pour vous en parler j'aurai à me servir de quelques noms difficiles.

On croyait autrefois que l'hébreu, langue des livres sacrés des Juifs (qui nous sont connus sous le nom d'Ancien-Testament), était la mère de toutes les autres langues, mais en ramenant les mots à leurs formes premières, on a trouvé que :

1. Le sanscrit, le zend, le grec et le latin, et presque toutes les langues et les dialectes de l'Inde et de l'Europe sont des rejetons de la famille Indo-Européenne ou Arienne.

Le sanscrit est la langue dans laquelle sont écrits les livres sacrés des Brahmanes; on la parlait au temps de Salomon et d'Alexandre-le-Grand, mais c'est une langue « morte » ou non parlée depuis plus de deux mille ans. Le zend est la langue dans laquelle sont écrits les livres sacrés des Parsis (ou adorateurs du feu). Le grec est la langue de la Grèce et le latin celle des anciens Romains.

Je vous ai déjà parlé des Ariens à la page 6, et j'ajouterai que leur langue nous apprend qu'ils avaient acquis l'art de labourer et de faire des routes, qu'ils savaient coudre et tisser, bâtir des maisons et compter jusqu'à cent. Les liens de père, mère, frère et sœur étaient sacrés parmi eux, et ils invoquaient celui qui est « lumière » d'un nom qu'on entend encore dans les temples indiens, du nom de Déité, dont notre mot Dieu. Ce nom vient d'un mot très ancien dont ces peuples désignaient le *ciel* et qui fut plus tard appliqué à celui qui habite les cieux. Car « au-delà du soleil, de la lune, des étoiles et de tout ce qui change, se trouve le pur ciel bleu, le firmament sans limites. » C'est là que, de tout temps, les hommes se sont figuré la demeure de Dieu, qui est la lumière et en qui il n'y a nulle ombre.

2. La seconde division des langues comprend l'hébreu, l'arabe, langue du Koran, livre sacré des Mahométans, et les langues qu'on trouve sur les anciens monuments de la Phénicie, de Babylone, de l'Assyrie et de Carthage.

3. La troisième division comprend le reste des langues éparses par toute la terre. Les langues de la Chine, du Thibet et de l'Indo-Chine prennent place à part comme les seuls restes des premières formes du

langage humain, étant composées de mots d'une syllabe.

L'ancien langage de la Bretagne ne se parle plus que dans quelques parties du pays de Galles, de l'Irlande et de l'Ecosse, et la langue anglaise actuelle, qui compte plus de cent mille mots, a les mêmes racines que celle qu'on parle sur les côtes germaniques. Les Angles, les Saxons (de là Anglo-Saxons), les Jutes et d'autres tribus du continent nous l'ont apportée. L'Anglo-Saxon est la langue mère de l'anglais actuel, qui s'est enrichi de mots latins sous diverses formes et de quelques mots provenant des langues d'autres nations.

Je crains de vous avoir embrouillés un peu en vous parlant de toutes ces langues, mais vous pourrez y revenir plus tard quand vous serez plus âgés et plus à même de comprendre l'importance que nous attachons à l'étude du don merveilleux par lequel nous parlons aux hommes dans diverses langues et qui nous permet de lire dans les anciens livres, l'histoire des tâtonnements de l'homme à la recherche de son Dieu. Je voudrais vous faire voir que l'étude des mots est une manière agréable de passer le temps et que le dictionnaire, qu'on regarde comme un livre bien sec, est plein d'une grande poésie pour ceux qui savent l'y découvrir et trouver dans ses mots l'histoire et les beautés qu'ils renferment.

XI.

L'ÉCRITURE.

Il me sera bien plus facile de vous dire comment les hommes ont appris à écrire.

L'écriture sert à tracer quelque chose de manière à ce qu'un coup d'œil nous en fasse comprendre le sens ; dans les anciens temps cela se faisait par une esquisse de l'objet qu'on voulait désigner. L'écriture figurée (ou par images) fut en usage pendant bien des siècles ; elle existe encore chez les races sauvages de toutes les parties dn globe. On s'en servait soit comme d'un moyen de communication, soit pour rappeler un évènement en gravant sur des rochers, des pierres taillées, des arbres et des tombeaux.

Par la suite des temps, cette écriture lente et incommode fut remplacée par des signes représentant certains mots et certains sons. Bientôt on fit un pas de plus : on divisa le mot en lettres, et il fut convenu que chaque lettre serait toujours représentée par le même signe ; de là les alphabets. Il y a des savants qni croient retrouver, dans la forme des lettres de l'alphabet, des traces de l'ancienne écriture figurée. Par exemple, aleph, la première lettre de l'alphabet hébreu, signifie un *bœuf*, et le signe pour cette lettre était une esquisse d'une *tête de bœuf*.

Les signes dont se servent les astronomes pour le soleil, la lune et les planètes, les signes I, II, III, pour un, deux, trois, sont des preuves que si l'écriture figurée est utile à l'homme civilisé, elle a dû être bien plus utile encore et bien plus en usage à mesure que nous remontons le cours des siècles.

Nous parlons encore de *signer* notre nom, quoique nous ne nous servions plus de signe ou de marque comme on le faisait dans les temps où peu de monde savait écrire.

CHAPITRE XII.

L'ART DE COMPTER.

Ce n'est que lentement que les tribus sauvages apprennent l'art de compter ; et, de nos jours, on en trouve encore qui ne savent pas aller plus loin que quatre ou n'ont pas de mots pour des nombres plus élevés.

Dans toutes les parties du monde on s'est servi des doigts pour compter, et bien des tribus ont le même mot pour « main » et « cinq. »

Voici une manière habituelle de compter parmi les sauvages :

Une main	5
Deux mains ou un demi-homme. . . .	10
Deux mains et un pied.	15
Les mains et les pieds, ou un homme. .	20

Nous faisons de même ; nous comptons encore fréquemment par cinq et dix, et le mot latin qui désigne une unité, *digitus*, signifie un *doigt*.

On comptait aussi anciennement avec des cailloux, en latin *calculi*, et notre mot *calculer* nous rappelle ce fait, de même que, lorsque pour nous souvenir de quelque chose nous faisons un nœud dans notre mouchoir, nous imitons l'ancienne manière de compter avec des cordes à nœuds.

C'est surtout en étudiant ce que nous enseignent les vestiges humains trouvés dans le nord-ouest de l'Europe qu'on a appris cette histoire de l'enfance du monde ; mais on croit que les hommes eurent ailleurs leur origine et ne se dirigèrent que peu à peu vers nos contrées.

Dans l'époque connue sous le nom d'âge de la pierre taillée, quand la Grande-Bretagne et l'Irlande étaient réunies au continent, quand de grands fleuves coulaient à travers les vallées couvertes maintenant par la mer du Nord et par la Manche, et quand les éléphants au poil crépu et les rhinocéros rôdaient dans les forêts de pins qui couvraient les pays qui forment maintenant l'Angleterre et la France, il faisait en Europe beaucoup plus froid que de nos jours, et il est peu probable que l'homme y ait habité avant ces monstres.

Vous apprendrez un jour, dans la belle histoire que nous racontent sans cesse les rochers et les fleuves, les changements immenses qui ont eu lieu sur tous les points du globe ; vous vous souviendrez alors de ce que je vous ai déjà raconté, et j'ajouterai que l'endroit que vous habitez était une fois le domaine de la mer et le sera peut-être de nouveau dans des siècles à venir.

CHAPITRE XIII.

LES HOMMES S'ÉLOIGNANT DE LEUR BERCEAU PRIMITIF.

On croit que les premiers hommes vécurent dans un endroit près du centre de l'Asie et que leurs descendants s'étendirent de tous côtés ; les uns s'établirent dans les riches plaines du Nil et devinrent les ancêtres des rois égyptiens, les autres poussèrent jusqu'aux rivages nus du nord de l'Europe et devinrent les ancêtres des « rois de mer. » De même que le climat influe sur la couleur de la peau, le progrès d'une race et son genre de vie dépendent en grande partie du sol, et cela nous explique pourquoi certaines races ont progressé bien plus rapidement que d'autres, au point même de les assujettir. Les plaines riches et herbeuses produisirent un peuple éleveur de troupeaux, qui allait de lieu en lieu en quête de pâturages et ne faisait guère de progrès. Un terrain fertile et un air embaumé attiraient les fermiers et les ouvriers en bois et en métal qui accumulèrent le savoir et les richesses, tandis que les habitants des îles et des rivages devinrent hardis et aventureux.

Il n'entre pas dans le plan de ce récit de s'étendre au-delà de l'époque où commencent généralement les histoires, et ce que vous avez appris ne s'applique pas à une tribu ou à une nation en particulier, mais au développement de la famille humaine en général. Je veux pourtant, en quelques lignes, vous tracer la route que prirent les principales races en quittant le lieu qu'on leur donne pour berceau.

Les peuples qui errèrent jusqu'au nord de l'Europe

menèrent pendant des siècles une vie sauvage et indisciplinée ; quand ils vinrent à découvrir l'usage des métaux ou peut-être à observer comment d'autres races s'en servaient, et qu'ils bâtirent des vaisseaux assez grands et assez forts pour braver la pleine mer, ils furent la terreur des races plus douces, et vous apprendrez, dans l'histoire de l'Angleterre, comment ils fondirent sur cette île les uns après les autres, pillant tout sur leur passage.

D'autres tribus s'établirent en Perse, sur les rivages de la Palestine, en Egypte, et furent les ancêtres des nations puissantes dont les rois ont régné bien avant la naissance d'Abraham.

D'autres encore traversèrent le détroit qui sépare l'Asie de l'Amérique, ou, s'aventurant en pleine mer, furent emportées par le rapide courant de l'Océan Pacifique et peuplèrent ainsi ce vaste nouveau monde ; celles qui se dirigèrent vers le sud fondèrent des villes dont les ruines, qu'on découvre encore, attestent l'importance.

Longtemps avant les grands empires de la Grèce et de Rome, il s'éleva un peuple qui nous est connu sous le nom de peuple juif, dont l'histoire remplit tant de livres de la Bible et qui et descendu d'un chef nommé Abraham. J'aurai plus tard à vous raconter quelques histoires intéressantes sur cet homme au cœur noble et bon. Abraham quitta son pays natal pour se rendre en Palestine avec ses esclaves et ses troupeaux. Ses descendants s'établirent plus tard en Egypte qui produisait alors beaucoup de blé ; ils s'y multiplièrent et furent traités avec égards durant la vie de Joseph, dont le livre de la Genèse nous raconte la touchante histoire. Après sa mort on en fit des esclaves et on les traita avec rigueur. Un homme héroïque, bon et instruit, nommé Moïse, quoique élevé par la fille du roi comme s'il eût été son fils, s'emflamma d'une sainte colère à la vue des souffrances de ses compatriotes opprimés, se mit à leur tête et les délivra. Vous apprendrez plus tard dans l'Histoire sainte comment ils voyagèrent en Palestine, ayant à leur tête des chefs ou des juges, massacrant, selon l'usage cruel de ces temps, les hommes, les femmes et les enfants; comment ils s'étendirent et prospérèrent jusqu'à ce que, s'adonnant au vice, ils s'affaiblirent et tombèrent en esclavage ; puis ils se relevèrent encore une fois, mais, à l'époque où vécut Jésus-Christ, ils étaient devenus sujets de l'empire romain.

CHAPITRE XIV.

LES PROGRÈS DE L'HOMME EN TOUTES CHOSES.

En comparant l'âge de pierre avec notre heureux sort, nous pouvons juger des merveilleux progrès de l'humanité. Non-seulement on a perfectionné les premiers essais d'habitations, la cuisine, la poterie, les vêtements, l'usage des métaux, mais aussi dans les connaissances sur la terre et les astres, les progrès ont été immenses. L'homme a mis à son service la foudre, le vent, les courants impétueux, et leur force est soumise à sa volonté. Il a déjà pénétré bien avant dans le mystère des astres, et chaque jour il apprend à épeler une phrase de plus dans le grand livre de la nature.

On aimerait connaître et remercier ces hommes des vieux temps qui ont posé les fondements de tout ce qui a été fait après eux, car celui qui tailla le premier silex fut le père de tous les sculpteurs; celui qui, le premier, traça l'image d'un homme ou d'un mammouth fut le père de tous les peintres; celui qui d'abord entassa des pierres fut le père des architectes de nos abbayes et de nos cathédrales; celui qui, le premier, perça d'un trou un os de renne pour faire un sifflet ou fit vibrer une corde tendue fut le père de tous les musiciens; celui qui d'abord rima ses simples pensées fut le père de tous les poètes; celui qui le premier essaya de découvrir le secret des astres fut le père de tous les astronomes.

CHAPITRE XV.

LA DÉCADENCE DES PEUPLES.

J'ai donné à cette simple histoire de l'homme des premiers temps le titre d'« Enfance du Monde, » parce que le progrès du monde de l'état primitif à l'état actuel peut se comparer au développement de chacun de nous depuis l'enfance jusqu'à l'âge mûr.

Quoique cette histoire ait eu en somme une marche assez égale, il ne faut pas que nous fermions les yeux sur les terribles faits qui en ont parfois interrompu le cours. Dans les livres et par les ruines, l'histoire nous apprend qu'il y a eu des tribus et des nations (quelques nations mêmes d'une importance et d'une splendeur telles qu'il semblait impossible qu'elles pussent jamais tomber) qui, parvenues jusqu'à un certain point, sont déchues et ont disparu. Les hommes ayant existé sur cette terre tant de milliers d'années, il y a eu sans doute des races et des tribus qui se sont élevées et qui sont tombées, dont nous ne trouverons jamais de traces.

Toutes les parties du monde ont été plus ou moins le théâtre de péchés et de crimes honteux dont la cause était parfois l'ignorance des hommes, qui ne savaient ce qu'ils devaient à Dieu et à leur prochain, mais qui, plus fréquemment, employaient leur pouvoir à faire le mal ; ils oubliaient, dans leur folie et leurs vices, que les lois de Dieu ne changent pas, que le péché est un maître intègre qui donne à ses serviteurs les gages de la mort. Ils ont désobéi à la loi de l'amour et il en est résulté des guerres cruelles et des massacres sanglants; des peuples libres ont été assujettis et des âmes héroïques ont gémi en esclavage. Ils ont désobéi aux lois sanitaires ; la « peste noire » les a tués par milliers et ils ont succombé à la gloutonnerie et à l'ivrognerie. Ils ont aimé l'argent et un bonheur égoïste, oubliant la vérité éternelle, que nous ne pouvons vivre de pain seulement, et que si c'est là notre but nous cédons à nos penchants les plus vils : et leurs âmes, ne recevant pas la nourriture dont elles étaient avides, ont péri.

Mais quoique, sur le cadran du progrès, l'aiguille ait parfois semblé s'arrêter ou même rebrousser chemin, le monde, loin d'empirer, devient meilleur, et c'est une vérité qui doit nous consoler et nous remplir d'espoir. Il y a des gens qui soupirent toujours pour ce qui n'est pas et ne peut être, qui regrettent les jours de leur enfance et voudraient les revivre, qui parlent sans cesse des « bons vieux jours » où le rire résonnait d'une gaieté plus franche, où le travail était abondant, les mendiants rares, et où une vie sans soucis épargnait les rires à des visages joyeux. N'écoutez pas ces gens ; ils ont mal lu le passé ou ne l'ont pas lu du tout. Comme bien d'autres choses, il est beau à distance, mais laid quand on y regarde de près. Il n'est pas nécessaire d'aller loin en arrière vers « les bons vieux temps » pour observer que les rois et les reines étaient moins instruits et moins bien logés et nourris que les domestiques d'aujourd'hui.

Il est mal et peu sensé de désirer voir revivre le passé ou de le dénigrer ; il a rempli sa tâche, il a fait l'œuvre qu'il avait à faire. Même les terribles guerres ont parfois amené des bienfaits, et ce que les hommes ont considéré comme un mal a produit de bons fruits. Nous ne pouvons pas voir la fin et le commencement, Dieu seul le peut. La vraie sagesse est de voir la main de Dieu guidant cette terre par tous les degrés de ses progrès et de croire qu'il n'abandonnera pas à lui-même le monde qu'il a créé pour son plaisir. Car

« Ici-bas rien ne marche au hasard et sans but ; »

Dieu nous a donné une tâche, à vous et à chacun de nous, et s'il nous l'enlève, c'est pour que d'autres la fassent mieux et que le bien-être de tous soit assuré.

Tâchons toujours de faire avec soin le travail qui nous est échu; il nous paraît parfois mesquin et insignifiant, mais il ne l'est pas aux yeux de celui qui a fait la goutte de rosée aussi bien que le soleil, et qui nous juge, moins par l'ouvrage que nous faisons que par la manière dont il a été fait et par le cœur que nous y avons mis.

DEUXIÈME PARTIE.

CHAPITRE Ier.

INTRODUCTION.

En tâchant de vous montrer comment, peu à peu, l'homme est arrivé à croire en un Dieu tout bon et tout sage, je voudrais fixer dans votre jeune cœur une grande vérité, car plus est élevée l'idée que vous vous faites de Dieu, plus aussi votre vie sera belle. Vous trouveriez votre père bien dur et bien cruel si, tout en vous comblant de ses bontés, il envoyait au loin vos frères et vos sœurs, soupirant après son amour et ses caresses et condamnés à vivre sans soins et sans tendresse et à mourir sans être pleurés.

C'est pourtant là ce qu'on a dit de Dieu. Il a appelé à la vie tous les hommes, les femmes et les enfants, sans qu'ils aient eu le choix d'accepter ou de refuser ce présent, et on l'a décrit comme étant près d'une partie seulement de ses créatures et laissant les autres livrées à elles-mêmes, l'âme affamée de lui et ne le trouvant jamais.

Croyez que celui qui est appelé notre Père est meilleur, plus juste, plus tendre que le meilleur des pères et qu'il n'est « pas loin de chacun de nous. »

Dans les temps obscurs à travers lesquels je vous ai guidés, Dieu, dont le souffle fit et fait de chacun de nous « une âme vivante, » était aussi près de ses créatures qu'il l'est aujourd'hui, les guidant à leur insu comme il le fait pour nous. Les religions les plus primitives et celles qui nous paraissent les plus choquantes n'ont pas été inventées par un diable auquel Dieu aurait permis de tromper les hommes pour les conduire à leur perte ; ce furent, comme nous pouvons encore l'observer chez les sauvages, des efforts pour échapper à la nuit, car nul homme n'aime les ténèbres, pour arriver au crépuscule et, de là, en plein jour.

L'homme voyait tout autour de lui la beauté et le mouvement de la vie et, devant lui, bien souvent, le mystère de la mort ; car, alors comme aujourd'hui, des pères et des mères pleuraient leurs petits enfants morts, alors comme aujourd'hui des amis silencieux, les yeux baignés de larmes, contemplaient une dernière fois l'ami que la mort leur avait enlevé ; et croyez-vous que l'homme eût pris plaisir à inventer un mensonge ingénieux sur les choses qui le remplissaient d'une terreur mêlée de respect ?

Quoique les idées que se faisaient ces premiers hommes sur ce qu'ils sentaient et voyaient fussent fausses, *elles étaient justes pour eux;* ce ne fut que bien plus tard que commencèrent les mensonges et l'altération de la vérité, lorsque des hommes habiles, faisant un mauvais usage de leur supériorité, prétendirent en savoir plus que Dieu ne nous a donné de savoir ici-bas.

Je vous dis cela parce que je voudrais vous pénétrer d'une confiance en Dieu que rien ne saurait enlever ; vous en aurez besoin quand la vie se déroulera devant vous et que votre cœur apprendra à sentir le **péché** et les tristesses de ce monde.

CHAPITRE II.

PREMIÈRES QUESTIONS DE L'HOMME.

L'homme n'eut pas plutôt dépassé son premier état d'infériorité et satisfait aux besoins de son corps, qu'il se mit à faire œuvre d'*homme* en *pensant* (voir page 5), et il entendit en lui-même une voix qui lui disait que la vie lui avait été donnée pour un autre but que le manger et le boire.

Il voyait autour de lui le monde avec ses grandes collines silencieuses et ses vertes vallées; les crêtes hérissées de ses montagnes aux teintes pourprées, et les étendues de plaines stériles; ses arbres et ses fleurs odorantes; les formes gracieuses de l'homme, de l'oiseau planant dans les airs, du cerf agile et du lion royal; le grand mammouth aux lourdes formes, disparu depuis longtemps; il voyait la scène entière illuminée des couleurs qui jaillissent au toucher magique des rayons du soleil ou voilée dans les ombres du nuage passager; il voyait le soleil se lever et aller vers l'ouest emportant la lumière, et, par intervalles réguliers, la lune quitter sa forme de faucille pour devenir un grand orbe rond; puis chaque nuit les étoiles plus ou moins nombreuses brillaient comme des étincelles que le Dieu du soleil faisait jaillir des roues de son chariot, ou comme l'écume resplendissante que projette le navire en sillonnant la mer.

Son oreille entendait les divers sons de la nature : le murmure des eaux du fleuve, le mugissement incessant de la mer, le bruissement des feuilles balayées par les doigts invisibles de la brise, le battement de la pluie tombant des grands nuages noirs, le grondement du tonnerre qui suit le jet de lumière lancé par les nuages roulants ; ces sons et mille autres, tantôt doux, tantôt aigus, le frappaient et il se demandait ? Que veut dire tout cela ? où suis-je et que suis-je ? d'où est-ce que je viens et d'où vient tout ce que je vois, que j'entends et que je touche ?

Le premier sentiment de l'homme était un simple étonnement, le second un désir de découvrir la *cause* des choses, ce qui les faisait être telles qu'elles étaient.

Tout autour de lui était la nature (ce qui veut dire : *ce qui produit*), la nature grande, belle, puissante ; ne vivait-elle pas ? tout n'était-il pas en mouvement ?

En nous figurant comment l'homme a essayé de découvrir la cause de ce qu'il voyait, il ne faut pas supposer qu'il raisonnait comme nous. Il ne pouvait pas donner à ses pensées la forme d'un langage poli ; mais le bon sens vint à son secours.

Il observait que lui-même se mouvait ou se tenait immobile à volonté, qu'il avait des raisons pour choisir et se décider, et qu'il ne faisait une chose que lorsqu'il le voulait. Quelque chose en lui dirigeait ce qu'il faisait. La nature n'était pas immobile ; le fleuve coulait, les nuages étaient chassés par le vent, les feuilles tremblaient, la terre s'ébranlait ; le soleil, la lune et les étoiles ne s'arrêtaient pas : il fallait donc quelque chose en tout pour causer ce mouvement.

Ainsi commença une croyance en des esprits habitant toutes choses : le soleil, les arbres, la cascade, la flamme, l'animal, l'oiseau et le serpent.

CHAPITRE III.

MYTHES.

En tâchant d'expliquer le semblant de vie qui paraissait être en toutes choses (et qui y est réellement, mais pas de la manière dont ils se le figuraient) les hommes donnèrent aux notions les plus extraordinaires la forme de *mythes*, ce qui veut dire une histoire imaginaire fondée sur quelque chose de réel. Si pour nous-mêmes un bateau ou un vaisseau devient en quelque sorte une chose personnelle, surtout quand nous lui avons donné le nom de quelqu'un, les sauvages, eux aussi, s'imaginent tout naturellement que la flamme qui consume le bois est un être vivant dont on peut couper la tête, que la faim rongeante est causée par un lézard ou un oiseau dans l'estomac, que les échos renvoyés par les collines sont les voix des nains qui les peuplent, et que le tonnerre est le roulement du chariot du Dieu du ciel. Les mythes ont changé de formes à diverses époques, mais ils existent encore parmi nous et survivent dans bien des mots dont le sens premier a disparu. Par exemple, nous disons d'une personne maussade qu'elle est de mauvaise *humeur;* cette expression provient d'une notion fausse et très ancienne qu'il y avait dans le corps quatre fluides ou *humeurs* et que le caractère était aimable ou maussade selon qu'ils étaient bien ou mal mélangés.

Je ne puis que vous parler un peu des mythes sans entreprendre de vous montrer comment les premiers mythes si simples furent transformés en légendes de héros, avec leurs amours et leurs haines, leurs craintes et leur héroïsme. Vous apprendrez par d'autres livres ces légendes qui forment une si grande partie des commencements de l'histoire de la Grèce et de Rome.

CHAPITRE IV.

MYTHES SUR LE SOLEIL ET LA LUNE.

Bien des tribus sauvages appellent le soleil et la lune mari et femme, ou frère et sœur. Un des mythes les plus curieux de ce genre nous vient des Esquimaux, qui habitent les côtes de l'océan glacial. Une jeune fille se trouvant en soirée, un jeune homme lui déclara son amour en la poussant par les épaules selon la coutume du pays. Ne pouvant distinguer qui il était dans l'obscurité de la hutte, elle enduisit ses mains de suie et, lorsqu'il revint, elle lui noircit la figure. Quand on apporta une lumière, elle vit que c'était son frère et se sauva. Il courut après elle et la suivit, lorsque, arrivée aux confins de la terre, elle sauta dans le ciel. Là elle devint le soleil et lui la lune, et c'est pourquoi la lune poursuit le soleil à travers les cieux et devient parfois sombre quand elle tourne vers la terre sa joue noircie.

Dans toutes les langues connues sous le nom de langues teutoniques, la lune était du genre masculin et le soleil du genre féminin.

Chez d'autres peuples, on a décrit le soleil comme l'amant de l'aurore qui le précède et qu'il tue de ses dards brillants, et la nuit comme un être vivant qui avale le jour. D'autres fois, le soleil est une face autour de laquelle flotte une chevelure lumineuse et la lune une nacelle d'argent ou une sirène passant la moitié de son temps sous l'eau.

Quand le soleil répandait une chaleur agréable, on

l'appelait l'ami de l'homme, quand ses feux brûlaient la terre, il tuait ses enfants.

Vous avez peut-être entendu dire que les taches dans la lune, semblables à un nez et à deux yeux, firent croire qu'il y avait un homme dans la lune, et l'on dit qu'il y fut relégué pour avoir ramassé du bois le dimanche !

CHAPITRE V.

MYTHES SUR LES ÉCLIPSES.

Il y a, dans les éclipses du soleil et de la lune, quelque chose de si sombre et de si fantastique qu'il nous est facile de comprendre que, par toute la terre, elles aient été attribuées à une puissance pernicieuse.

Les Chinois croient que ce sont de grands dragons dévorant le soleil et la lune, et ils battent leurs tambours et leurs chaudrons d'airain pour obliger les monstres à lâcher leur proie. Parmi les Indiens de l'Amérique, il y a des tribus qui se figurent la lune poursuivie par d'énormes chiens qui l'attrapent et la mutilent, jusqu'à ce que sa douce lumière soit rougie et éteinte par le sang qui coule de ses blessures. De nos jours encore l'indigène des Indes frappe son gong (tambour d'airain) lorsque la lune traverse le disque du soleil et il n'y a pas encore très longtemps qu'en Europe on regardait les éclipses et les comètes à course précipitée comme des présages de malheurs.

La crainte est fille de l'ignorance et disparait lorsque la science nous éclaire sur la cause des choses.

Nous savons qu'une éclipse (mot qui vient du grec et signifie *supprimer*) est causée soit par la lune passant entre la terre et le soleil de manière à nous cacher sa lumière entièrement ou en partie, soit par la terre passant entre le soleil et la lune et jetant sur celle-ci son ombre qui en *supprime* la lumière. Nos craintes renaîtraient si les éclipses n'avaient pas lieu à l'époque prédite par les calculs de astronomes.

VI.

MYTHES SUR LES ÉTOILES.

Il nous vient de l'Asie un mythe curieux d'après lequel le soleil et la lune sont des femmes. Les étoiles sont les enfants de la lune et le soleil en avait une fois autant. Craignant que l'humanité ne pourrait supporter tant de lumière, elles convinrent de manger chacune ses enfants. La lune cacha les siens, mais le soleil tint parole, et à peine eut-il mangé ses enfants que la lune fit sortir les siens de leur cachette. A leur vue, le soleil fut rempli de colère et se mit à la poursuite de la lune pour la tuer, poursuite qui dure encore. Parfois le soleil en approche assez pour la mordre, et c'est là une éclipse. Nous voyons encore le soleil dévorer ses étoiles à l'aurore, tandis que la lune cache les siennes tout le jour pendant que le soleil est présent et les montre la nuit lorsqu'il es loin.

Les noms que nous donnons encore à certaine étoiles et à des groupes d'étoiles leur furent donnés y a longtemps lorsqu'on les prenait pour des créa tures vivantes. C'étaient des hommes qui avaient véc sur la terre, des chasseurs puissants ou des groupe de jeunes gens et de jeunes filles dansant.

Beaucoup de noms nous prouvent que les fermie et les marins observaient avec anxiété les étoiles, leu attribuant une influence sur le temps. Le groupe d' toiles connues sous le nom de Pléiades fut ain nommé du mot *plein*, qui signifie *mettre à la voil* parce que les anciens marins grecs attendaient leu apparition avant de s'aventurer sur l'océan. Ces mêmes étoiles sont appelées, par les Zoulous qui habitent l'Afrique du sud, les étoiles *bêchantes*, parce que à leur venue on commence à bêcher. Elles sont un bon exemple du changement que subit un mythe. Dans la mythologie grecque, ce sont les sept filles d'Atlas (qui porte le monde sur ses épaules); six épousèrent des dieux, mais la septième, Mérope, un roi, et c'est pourquoi elle est moins brillante que les autres.

On croyait autrefois que les astres influaient sur notre sort. Selon la planète qui était à l'ascendant, à la naissance d'un enfant, on disait qu'il serait bon ou mauvais, grave ou gai.

Nous avons quelques mots qui attestent cette ancienne croyance. Nous parlons d'un « désastre, » ce qui veut dire le souffle flétrissant d'une étoile néfaste, *aster* étant le mot grec pour *étoile*. Nous disons d'une personne qu'elle est née « sous une mauvaise étoile » ou « sous une étoile propice. » On disait que la planète Saturne rendait ceux qui sont nés sous son ascendant graves et mélancoliques (en anglais *saturnine*.) On dit des gens gras et d'un heureux naturel qu'ils sont « joviaux, » nés sous la planète Jupiter ou Jovis. On dit « vif comme le mercure, » né sous la planète Mercure, pour un homme de nature ardente, animée. Les fous sont appelés en anglais « lunatics. » *Luna* est le mot latin pour lune, et l'on croyait que les différentes phases de la lune avaient une influence sur les dispositions à la folie. On croyait que le soleil, la lune et les étoiles étaient fixés à la grande voûte céleste qui semblait un arc solide au-dessus de la terre plane. C'était le séjour du bonheur où l'on serait à l'abri des soucis de la misère et des atteintes de la vieillesse. Pour y arriver, il fallait prendre la route brillante qui traverse le ciel, qui nous est connue sous le nom de « voie lactée » et a donné naissance à quelques jolis mythes.

Je voudrais bien m'arrêter et vous en raconter, mais il ne faut pas que les mythes nous tiennent trop longtemps éloignés des réalités.

CHAPITRE VII.

Mythes sur la terre et l'homme.

On croyait qu'une trombe était un géant ou un serpent de mer, s'étendant de la mer aux nues; que l'arc-en-ciel (qui, comme nous l'apprendront les livres sur la lumière, est un cercle dont nous ne voyons que la moitié) était un démon, descendant pour boire quand la pluie tombait ou, comme le disait un mythe plus joli, l'échelle céleste ou le pont par où les anges conduisaient en paradis les âmes des bienheureux; pour l'Indien, le Juif et le Finnois, c'était l'arc de Dieu placé dans les nues ; les nuages étaient des vaches chassées dans les bleus pâturages du ciel par les enfants de l'aurore ; le flux et le reflux, le battement du cœur de l'océan ; le tremblement de terre était causé par la tortue qui se remuait au-dessous; l'éclair était la langue fourchue du démon des tempêtes, le tonnerre son mugissement ; les volcans étaient les habitations de démons furieux qui jetaient au-dehors des pierres rougies.

Le sentiment du merveilleux est si inné à l'homme que la croyance aux géants, aux pygmées et aux fées lui a été aussi naturelle qu'elle est lente à disparaître. On croyait que les os des monstrueux animaux maintenant éteints appartenaient à des géants, et on montrait l'empreinte de leurs pieds dans les creux de pierres, que nous savons avoir été rongées par l'eau. Les grandes pierres isolées, ils les avaient arrachées des rochers et lancées contre leurs ennemis. Les histoires d'un peuple de très petite taille qui habitait autrefois cette partie de l'Europe et dont on trouve les descendants en Laponie, donnèrent naissance à la croyance aux nains. Les têtes de flèches en silex étaient les dards des elfes dont se servaient les petits esprits des forêts et des lieux sauvages, et les haches de pierres polies étaient lancées par la foudre !

Je ne puis m'arrêter à vous tracer l'origine de toutes sortes d'autres mythes, tels que ceux qui tâchent d'expliquer pourquoi l'ours n'a qu'un tronçon de queue, le rouge-gorge une poitrine rouge, le bec-croisé un bec tordu, pourquoi frémit la feuille du tremble, ni à vous montrer comment ces mythes se transformèrent dans les histoires et les contes de fées, que les enfants ne se lassent jamais d'entendre, car il nous faut quitter les merveilleuses régions de l'imagination pour arriver aux régions non moins merveilleuses de la réalité où la science nous conduit. Je dirai même plus merveilleuses encore, car les images viennent des réalités et non les réalités des images.

CHAPITRE VIII.

PREMIÈRES IDÉES DE L'HOMME SUR L'AME.

Je vous ai dit que, voyant toute la nature en mouvement, les hommes se figuraient qu'il y avait de la vie partout et qu'un esprit animait la feuille, le nuage et l'animal. Pour comprendre l'idée que, peu à peu, ils se firent d'un esprit, les *mots* viennent à notre aide. La différence entre un homme vivant et un homme mort est que celui qui est en vie respire et se meut, tandis que celui qui est mort a cessé de respirer et de se mouvoir. Le mot *esprit* signifie *souffle*, et dans les principales langues de la terre, le mot dont on se sert pour *âme* ou *esprit* signifie aussi *souffle* ou *vent*. Il y a des peuples qui croient que l'âme est une sorte de vapeur ou d'ombre qui, lorsqu'elle est mal à l'aise, cause les maladies. Le sauvage croit que l'âme peut quitter le corps pendant le sommeil, et ce qui se passe dans ses rêves lui paraît aussi réel que s'il avait été éveillé. S'il voit en songe un ami mort, il croit que le mort est venu le visiter ou que son âme à lui est allée trouver l'ami mort, et il se garde de réveiller une personne endormie, de crainte que l'âme soit absente du corps. Pour ceux qui croyaient que l'âme pouvait ainsi entrer dans le corps et en sortir, il était naturel de croire aussi qu'on pouvait aspirer les démons avec l'haleine, et que bâiller et éternuer était une preuve de leur approche. Pour les tenir à distance on prononçait ce qu'on appelle une invocation, et nous en avons un vestige dans l'usage de dire « Dieu vous bénisse » quand quelqu'un éternue.

Selon une vieille légende juive, cet usage date de Jacob. Les Rabbins racontent qu'avant l'époque où vécut Jacob on n'éternuait qu'une fois : cela causait la mort, le choc tuait. A la prière de Jacob, cette loi fut annulée, à condition que, dans toutes les nations, un éternument serait sanctifié par les paroles de « Dieu vous bénisse ! »

Si l'âme restait trop longtemps absente du corps, cela causait des maladies et l'on invoquait l'aide du prêtre ou du magicien pour la rappeler. Toutes ces notions, tout informes qu'elles sont, ont survécu parmi les peuples longtemps après qu'ils eussent dépassé l'état barbare ; et elles survivent parmi nous, quoique leur sens premier soit caché dans des expressions comme « il est hors de lui » ou « il est revenu à lui. » Si le corps avait perdu un membre ou autrement souffert, on croyait que l'âme était mutilée aussi. La croyance qu'en quittant le corps elle avait besoin de toutes les choses qu'elle avait ici-bas nous explique la coutume de tuer les femmes et les esclaves pour suivre le mort et de placer dans sa tombe des habits, des armes et des ornements à son usage, car, chez les races inférieures, on donnait même des âmes aux choses inanimées. En Europe même, il n'y a pas bien longtemps, le cheval du soldat suivait les funérailles de son maître et on le tuait et on l'enterrait avec lui.

Se croyant entouré d'esprits qui habitaient toutes choses et tout-puissants pour lui faire du bien ou du mal, l'homme s'en forma diverses notions, selon qu'ils paraissaient être pour ou contre lui.

Non-seulement il regarda la maladie comme

l'œuvre des esprits démoniaques, mais ses terreurs remplirent les ténèbres des esprits des morts qui quittaient leurs tombes, à ce qu'il croyait, criaient à sa porte, s'asseyaient dans sa maison, le touchaient à l'épaule et rompaient le silence de leurs voix sifflantes.

CHAPITRE IX.

CROYANCE DANS LA MAGIE ET LA SORCELLERIE.

Pour se défendre de ces hôtes désagréables, on employa des charmes, des arts magiques et des jongleries de toutes sortes. Il s'est toujours trouvé des hommes plus rusés que les autres, qui, profitant des craintes des faibles et des timides, ont prétendu chasser les esprits par des cérémonies et des paroles. Partout ont abondé des charlatans, des magiciens, des conjureurs, des sorciers ; et même, parmi nous, il se trouve encore, sous d'autres noms, des personnes qui croient avoir un pouvoir sur les choses invisibles et en savoir plus qu'il n'a jamais été et ne sera donné à l'homme de savoir en cette vie. La croyance dans les arts magiques, qui a de si profondes racines parmi les races inférieures de l'humanité, ne disparaît chez les peuples civilisés que depuis deux siècles, et elle survit encore dans les campagnes parmi les gens ignorants, qui voient un miracle dans tout ce qu'ils ne comprennent point. Ce fut elle qui donna naissance à l'horrible croyance en la sorcellerie, qui fit brûler *neuf millions* de personnes ! La sorcellerie se propagea avec la croyance au diable : c'est à lui, l'ennemi de Dieu et des hommes, qu'on attribua tout le mal de ce monde, qu'il le fit lui-même ou par ses agents. On soupçonnait les personnes de se vendre au diable, qui ne devait les laisser manquer de rien et leur accordait le pouvoir de nuire aux hommes, aux femmes, aux enfants et aux animaux. Si quelqu'un éprouvait des douleurs étranges, si une calamité l'accablait, —

c'était l'œuvre impie des sorcières. On leur attribuait la tempête dévastatrice, la ruine des céréales, la mort subite du bétail, et si quelqu'un languissait de maladie, c'est qu'une vieille sorcière l'avait regardé d'un œil malveillant : elle faisait une figure de cire à l'image de celui qu'elle persécutait, la plaçait devant le feu, et à mesure qu'elle fondait le malade dépérissait.

Les pauvres créatures accusées d'être en ligue avec le diable étaient de vieilles femmes sans défense. Il suffisait d'avoir la figure ridée, la peau velue, le regard louche, l'allure boiteuse, la voix criarde et grondeuse, il suffisait de vivre seule : c'étaient plus de preuves qu'il n'en fallait pour torturer les misérables victimes d'une manière si cruelle que la mort leur paraissait une heureuse délivrance.

CHAPITRE X.

CRAINTE DE L'INCONNU.

Tout ce qui paraît incompréhensible au sauvage nous donne aussi à penser, et nous pouvons sympathiser avec lui lorsqu'il nomme l'âme un souffle, qu'il croit à la réalité de ses songes et que, tout bas, il parle des esprits bons et mauvais qui l'entourent.

Nous ne sommes pas encore arrivés à nous former une idée claire de l'âme et probablement nous n'y arriverons jamais. Nous avons une notion vague qu'au moment de la mort elle quitte le corps comme une ombre ou une vapeur. Les Anglais, les Chinois et les Indiens ouvrent une porte ou une fenêtre pour laisser un passage à l'âme du trépassé, et c'est un dicton allemand qu'il ne faut pas fermer une porte avec violence de peur de blesser une âme !

Et nos rêves nous paraissent si réels tant qu'ils durent ! pour beaucoup d'entre nous ce sont encore de fidèles messagers de joie ou de tristesse. Même les histoires les plus sottes et les plus incroyables de cloches qu'on entend dans les maisons où rôdent les esprits, de revenants en linceuls apparus dans les cimetières témoignent de la terreur qu'éprouvent pour le monde invisible, à tout âge et en tous lieux, l'homme civilisé et le sauvage.

En effet, tout ce que nous apprend la science sur les créatures qui abondent dans une goutte d'eau et sur les petits corpuscules qui circulent dans notre sang ne nous explique pas davantage le grand mystère de la vie. Plus les microscopes sont perfectionnés, plus ils nous font voir de merveilles; mais nul verre grossissant ne nous montrera la *vie même*, et personne ne touchera du doigt l'âme humaine.

Dieu a donné à l'homme l'intelligence, le pouvoir de penser, de raisonner et de se souvenir et, avec cela, le temps, l'occasion et le désir de se servir de ces dons. Pour employer l'expression d'un grand poète « il enveloppe l'homme de ténèbres et le fait soupirer après la lumière. » De même qu'on n'apprécie guère ce qui coûte peu, l'homme n'aurait pas fait d'efforts s'il avait reçu, dès sa naissance, beaucoup de savoir; mais comme il sait peu, tout en se sentant capable d'apprendre beaucoup, il met à profit ses facultés, pour gagner plus de sagesse et de savoir, jusqu'à ce qu'il sente combien est vraie cette antique définition de la sagesse : « Elle est plus précieuse que les perles et tout ce qu'on saurait souhaiter ne la vaut pas. »

CHAPITRE XI.

FÉTICHISME.

Jusqu'ici nous avons vu comment l'homme chercha à s'expliquer ce qu'il voyait autour de lui ; il nous reste à découvrir quels sentiment il éprouva. Il sentit le besoin de se prosterner et d'adorer les puissances qui semblaient plus fortes que lui.

L'adoration prend la forme la plus grossière quand elle s'adresse à des choses inanimées, auxquelles on attribue une vertu ou un charme ; elle s'appelle alors fétichisme, d'un mot qui signifie *charme*. On choisira une pierre de forme extraordinaire, un tronc d'arbre coupé avec les racines en l'air, même un vieux chapeau ou un chiffon rouge, n'importe quel objet, pourvu qu'on lui suppose la faculté d'accorder un bien ou de préserver du mal. L'adoration des pierres, dont nous parle la Bible, existe encore aujourd'hui chez des tribus grossières qui ont là-dessus les notions les plus étranges et les considèrent parfois comme maris et femmes, parfois comme demeures des esprits. Les idées confuses du sauvage qui lui font paraître ses rêves réels, lui font confondre ce qui est vivant et ce qui est animé, et il détruit avec soin les ongles et les cheveux qu'il coupe, de crainte qu'on ne s'en serve pour lui causer du mal. L'habitant de la Nouvelle-Zélande fait avaler des cailloux à un enfant mâle pour lui endurcir le cœur. Le Zoulou mâche du bois et, à mesure qu'il s'amollit, il espère attendrir le cœur de son ennemi ou celui de la femme qu'il aime. On attribue la terrible coutume de manger la chair humaine à l'idée que la chair d'un homme fort et brave rendait fort et brave aussi. Les indigènes de Bornéo ne mangent pas le daim de crainte de devenir lâches, et les Malais recherchent la chair du tigre pour les rendent braves. Si un médecin tartare n'a pas la médecine dont il a besoin, il en écrit le nom sur un bout de papier et en fait une pilule qu'il donne à son malade. On raconte d'un homme qui habitait l'Afrique et qui avait une grande réputation de sainteté qu'il gagnait sa vie en écrivant des prières sur une planche, puis il la lavait et vendait cette eau.

Cela nous fait sourire ; mais chaque fois que quelqu'un dit un verset de la Bible ou récite sans attention la magnifique prière que Jésus-Christ enseigna à ses disciples, avec l'idée que, d'une façon mystérieuse, il en obtient quelque avantage, il est un adorateur de fétiches et bien au-dessous des pauvres sauvages dont je vous parle, parce que nous savons que si le cœur n'y est pas, il ne sert à rien de marmoter des paroles.

CHAPITRE XII.

IDOLATRIE.

Quoique la coutume d'adorer un fétiche et celle de se faire une idole paraissent identiques, elles diffèrent pourtant beaucoup, car pour avoir une idole il ne s'ensuit pas qu'on l'adore. Le mot « idole » vient d'un mot grec qui signifie *image* ou *forme*; quelquefois on considérait l'idole comme l'image du dieu qu'on révérait et non comme le Dieu même. Malheureusement on l'a plus fréquemment regardée comme un dieu, on lui a adressé des prières, présenté des offrandes, lui attribuant le pouvoir de faire du bien ou du mal. Nous nous rendons compte des idées des différentes races par les matériaux dont ils font leurs dieux. Ce sont soit simplement des bottes d'herbe, soit des pierres grossièrement peintes ou sculptées avec le soin et l'art que nous admirons dans les dieux pénates de l'Orient. Si l'on attribuait au dieu la toute-puissance, on faisait une statue monstrueuse avec une vingtaine de bras et de jambes, la tête d'un lion, les pieds d'un cerf et les ailes d'un oiseau. Mais je remplirais un livre bien plus grand que celui-ci si je voulais vous décrire les idoles qu'ont adorées diverses nations à différentes époques. Il se passera bien des années encore avant que, même dans les pays civilisés, on apprenne que Dieu n'a ni forme ni parties, et que nul œil ne le verra jamais, car, comme dit le bon apôtre Paul aux Grecs, « le Seigneur du ciel et de la terre n'habite point dans les temples bâtis par la main des hommes » et n'est pas « semblable à de l'or ou à de l'argent, ou à de la pierre taillée par l'art et l'industrie des hommes. »

CHAPITRE XIII.

ADORATION DE LA NATURE.

Laissant de côté les choses inanimées dont le pauvre sauvage faisait des dieux qu'il pendait autour de son cou ou érigeait dans sa hutte, nous allons considérer quelques-unes des choses qu'il adora ayant de la vie ou du mouvement.

Il y a des savants qui croient que l'adoration des serpents et des arbres a été la première foi de l'humanité, d'autres que le soleil, la lune, les étoiles et le feu furent d'abord adorés. Mais il est plus probable que les hommes ont adoré différents dieux dans différentes parties du monde, d'abord les choses qui les entouraient de plus près jusqu'à ce que, les connaissant mieux, ils perdissent leur crainte ; puis ils se prosternèrent devant ces puissances plus grandes dont les mystères sont encore cachés.

I. *Adoration de l'eau.* L'adoration de l'eau est très répandue et s'explique aisément — car quoi de plus animé et, selon le raisonnement des premiers hommes, de plus rempli d'esprits que les fleuves, les ruisseaux et les cascades ? A leurs yeux, c'était le démon de l'eau qui faisait couler si vite le fleuve et le rendait dangereux à traverser, et qui formait le terrible tourbillon dans lequel tant de vies étaient englouties. Plus tard, lorsqu'on en vint à croire en un dieu des fleuves qui régissait tous les ruisseaux, envoyait leurs eaux dormantes ou les précipitait en torrent, on crut faire mal en sauvant ceux qui étaient en danger de se noyer, car c'était ravir sa proie au dieu.

Les ruisseaux sacrés, les sources saintes qui abondent de toutes parts prouvent combien fut profonde et durable l'adoration de l'eau. Vous avez entendu parler de fleuves saints, tels que le Gange, dont les livres sacrés des Indes nous racontent de belles histoires, décrivant comment il vient des régions célestes pour bénir la terre et la purifier des péchés.

II. *Adoration des arbres.* L'adoration des arbres est aussi très répandue. La vie qui, renfermée en eux durant le long hiver, éclatait soudain en feuilles, en fleurs et en fruits, et semblait gémir ou chuchoter lorsque la brise agitait les branches et les feuilles, cela n'était-il pas un signe qu'un esprit y habitait?

Bien longtemps après les premiers adorateurs de la nature, les anciens Grecs pensaient comme eux, quand, peuplant d'êtres qu'ils appelèrent nymphes la mer et les ruisseaux, les arbres et les collines, ils décrivaient les déesses de l'eau qui bénissent ceux qui en boivent et celles dont la vie commençait et se terminait avec les arbres qu'elles habitaient. Vous avez peut-être entendu dire que les prêtres de l'ancienne religion de nos contrées vivaient dans les forêts de chênes et considéraient ces arbres comme sacrés. On leur donna le nom de Druides, d'un mot celtique qui signifie *renfermer dans un cercle*, parce que, comme prêtres, ils pouvaient entrer à l'intérieur du cercle de pierres où se célébraient les rites secrets de leur religion.

III. *Adoration des animaux.* Comme l'adoration des arbres, des fleuves et des autres choses où l'on observait la vie ou le mouvement, l'adoration des animaux eut son origine dans des temps très anciens.

On voyait bien que la vie en eux était différente de celle de l'arbre ou du fleuve. L'eau tourbillonnait et écumait, l'arbre tremblait, le volcan bouillonnait, mais sans montrer des yeux étincelants ou des griffes monstrueuses prêtes à vous déchirer. La brute ressemblait à l'homme en bien des choses, et elle était beaucoup plus forte : il fallut donc qu'elle eût une âme plus grande que l'âme de l'homme.

A mesure que l'homme dompta la brute, il cessa de la craindre et de l'adorer ; mais les animaux sacrés jouent un grand rôle dans bien des religions. L'animal adoré dépendait en grande partie du pays où on se trouvait. Au nord, c'était l'ours et le loup ; vers le sud, le lion, le tigre et le crocodile, et, dans bien des parties du monde, le serpent. Il paraissait si rusé et si subtil, ce long reptil qui éblouissait, en se tordant, par ses brillantes couleurs, sa morsure était si mortelle, l'œil étincelant de sa face détestée était si fascinant que, pendant bien des siècles, il s'identifia dans la pensée de l'homme avec l'esprit du mal, cause des premières souffrances et des premières hontes.

Je ne puis m'arrêter là-dessus ; nous allons passer à une époque plus avancée où, abandonnant l'adoration des pierres et des animaux, l'homme s'éleva à une conception de dieux puissants dont chacun régissait une partie distincte de la nature ou de la vie des hommes.

CHAPITRE XIV.

POLYTHÉISME OU CROYANCE EN BEAUCOUP DE DIEUX.

Ainsi, au lieu de voir dans chaque ruisseau un esprit distinct, il conçut l'idée d'un dieu des fleuves ou des eaux, régissant tous les courants, ou d'un dieu de la mer régissant toutes les mers. J'espère que vous observez l'enseignement que cette histoire nous donne jusqu'ici, c'est qu'à mesure que l'homme apprit à penser et à savoir, il diminua le nombre de ses dieux. C'est ainsi que se forma une croyance en un dieu du tonnerre, un autre de la pluie, un autre du vent, un autre du soleil et ainsi de suite.

Pour vous rendre bien clair le développement de la croyance en ces êtres, à l'empire desquels toutes choses semblaient soumises, je vais tâcher de vous expliquer l'origine de l'adoration du soleil et de la lune.

Rien ne dut étonner l'homme davantage que de voir disparaître la lumière du jour; pendant quelque temps il voyait ce qui l'entourait, puis les ténèbres s'étendaient sur toutes choses, et il allait à tâtons ou se livrait au repos.

Chaque matin, avant que le soleil n'apparût, des rayons de lumière annonçaient sa venue, puis il arrivait inondant la terre de lumière et devenait de plus en plus brillant jusqu'à ce que l'œil ne pût supporter l'éblouissement de sa gloire. Et le soir, quand lentement il se couchait, les rayons de lumière qu'il laissait derrière lui semblaient disparaître à regret.

Des livres sur l'astronomie nous feront connaître

tous les dons que le soleil répand sur ce monde et sur d'autres, et vous apprendrez de vraies merveilles, comme quoi nous méritons tous d'être appelés, comme les Incas de l'Amérique du sud, les « enfants du soleil ; » ici je ne considère le soleil que comme objet d'adoration.

Tout agréable que fût la lumière de la lune et des lointaines étoiles, elle était moins certaine que celle du soleil et, quoiqu'elle donnât à l'obscurité et aux ténèbres un caractère moins sombre, elle ne pouvait pas faire fuir la nuit.

C'est pourquoi il fut naturel à l'homme de se prosterner devant ce Seigneur de la Lumière et, sous la première forme d'adoration connue, de le saluer par un baisement des mains et de lui offrir des sacrifices. Nous trouvons dans des écrits juifs, connus sous le nom de Talmud, une vieille histoire qui décrit d'une manière frappante le sentiment de l'homme vis-à-vis de l'obscurité et de la lumière.

Elle raconte que « lorsqu'Adam et Eve furent chassés du jardin d'Eden, ils errèrent sur la surface de la terre. Et, comme le soleil commença à disparaître, ils observèrent avec terreur la lumière s'amoindrir, et une horreur comme celle de la mort envahit leurs cœurs. Et la lumière du ciel pâlit, et les malheureux s'étreignirent dans l'agonie du désespoir. Et les infortunés se jetèrent à terre en silence et crurent que Dieu leur avait enlevé à jamais la lumière, et ils passèrent la nuit en pleurs. Mais, après bien des heures de ténèbres, au-dessus des collines de l'orient parût un rayon de lumière, et le soleil doré revint et sécha les pleurs d'Adam et d'Eve qui, remplis de joie, s'écrièrent : « Les pleurs logent le soir et le chant du triomphe survient au matin ! »

L'adoration des corps célestes est non-seulement très répandue, mais continua pendant bien des siècles chez les nations de l'antiquité, comme le prouvent les noms de leurs dieux et les ruines de leurs temples. Dans la Grande-Bretagne on élevait des colonnes au soleil et des autels à la lune et à la déesse de la terre; l'histoire des anciennes croyances est conservée dans les noms donnés à quelques-uns des jours de la semaine. (Sun-day, jour du soleil, pour dimanche, et Mon-day, jour de la lune, pour lundi.)

Les jours furent la plus ancienne division du temps, et lorsqu'on commença à observer les changements de lune, ils marquèrent les semaines, quatre semaines faisant à peu près un mois, qui s'écoulait d'une nouvelle lune à l'autre [1]. Pour distinguer les jours, on leur donna des noms, et comme on croyait que chacune des sept planètes présidait à une partie du jour, on donna leurs noms aux sept jours de la semaine. Nos ancêtres scandinaves consacrèrent les jours de la semaine à leurs sept principaux dieux : dimanche et lundi au soleil et à la lune, comme je l'ai dit plus haut; mardi (Tuesday) à Tuisco (mot qui vient de la même racine que Dieu), père des dieux et des hommes ; mercredi (Wednesday) à Woden ou Odin, le roi borgne du ciel et le dieu de la guerre ; jeudi (Thursday) à Thor, le dieu du tonnerre ; vendredi (Friday)

---

[1] Lune signifie *mesureur*, d'où notre mot *mois*, car on mesurait le temps par nuits et par lunes longtemps avant de compter les jours, les soleils et les années.

à Friga, la femme de Woden ; samedi (Saturday) ou bien à Seater, dieu saxon, ou à Saturne.

Les peuples latins donnèrent aussi aux jours de la semaine les noms de leurs dieux : dimanche, jour du Seigneur ; — lundi, de la lune ; — mardi, de Mars ; — mercredi, de Mercure ; — jeudi, de Jupiter ; — vendredi, de Vénus ; — samedi, de Saturne.

Il faut vous dire aussi que, dans les contrées où la chaleur du soleil est si intense qu'elle brûle et dessèche les plantes et parfois donne la mort à l'homme, on ne l'adore pas pour sa lumière bénie, mais on le craint comme un dieu méchant et malfaisant. L'adoration du feu va généralement de concert avec celle du soleil, de la lune et des étoiles. Le feu donne la lumière et la chaleur ; avec son pouvoir merveilleux de consumer tout ce qu'on entasse sur lui, il est comme un démon affamé et jamais satisfait, et ressemble, plus que toute autre chose sur terre, aux grands corps lumineux du ciel.

CHAPITRE XV.

DUALISME OU CROYANCE EN DEUX DIEUX.

Plus l'homme apprit à réfléchir et à vaincre la terreur qui l'avait poussé à l'adoration d'objets animés et inanimés, plus il diminua le nombre des puissances régnantes; il ne vit plus bientôt que deux dieux puissants se disputant l'empire sur lui et sur l'univers.

D'un côté il voyait un pouvoir qui paraissait habiter l'espace bleu, calme et sans nuages, et d'un cœur aimant et tendre combler de ses dons les humains ; de l'autre un pouvoir qui paraissait dur et cruel, qui rendait la mer furieuse, couvrait de ténèbres la terre et le ciel, détruisait, par la tempête et les torrents, les habitations et les moissons, le faisait souffrir d'un froid glacial et donnait ses enfants aux bêtes féroces. L'un était un dieu de lumière, souriant dans un rayon de soleil, l'autre un dieu des ténèbres, d'un aspect menaçant dans le nuage gros de tempêtes; l'un ayant à ses ordres des esprits bons et doux, l'autre des esprits mauvais et violents.

Cette croyance en un dieu bon ayant pour adversaire un méchant dieu devint si profondément enracinée que nulle religion n'en est tout-à-fait exempte ; c'était là, pour les hommes, la seule explication du mal dont ils sentaient les atteintes.

Mais il n'est pas vrai que le Dieu tout-puissant dans lequel nous croyons soit entravé par une autre puissance. S'il en était ainsi, il ne serait plus tout-puissant et il nous faudrait implorer le pouvoir mauvais de ne pas nous faire de mal.

Le péché qui est en ce monde et que votre cœur vous révèle a pris naissance dans la volonté de l'homme, que Dieu, dans sa souveraine sagesse, a créée libre. Au lieu de faire de nous des machines qui ne peuvent se tromper, il nous a donné le pouvoir redoutable de faire le bien ou le mal et de montrer notre amour pour lui en choisissant ce qu'il aime et en faisant ce qui lui plaît. Quelque désireux que nous puissions être de jeter le blâme sur d'autres, comme les hommes l'ont fait si souvent, c'est bien nous qui sommes responsables pour les péchés que nous commettons. Nous savons qu'il en est ainsi, parce que la voix qui est en chacun de nous le proclame, cette voix qui ne ment pas et qui est celle du Dieu tout saint.

Si nous avions le pouvoir de rompre les commandements de Dieu mais non de les garder, ou s'il était permis à une force invisible plus puissante que nous de nous pousser au mal, nous n'aurions pas le sentiment de culpabilité qui suit toujours le péché, parce que nous sentirions que ce n'est pas de notre faute et que nous serions punis injustement pour ce que nous ne pouvions éviter. Bien triste serait alors notre sort : nous éprouverions une défiance à l'égard de Dieu, une défiance pour sa voix qui parle en nous.

Nous laisserons cette question de côté pour le moment; jusqu'à présent, je n'ai guère parlé de la manière par laquelle les hommes cherchèrent à exprimer leurs sentiments envers les dieux en lesquels ils croyaient, qu'ils fussent nombreux ou non, bons ou mauvais. Ce fut en leur adressant des *prières* ou en leur offrant des *sacrifices*.

CHAPITRE XVI.

LA PRIÈRE.

Quand nous sommes en danger, notre premier mouvement est d'implorer le secours; il est naturel et bon de demander ce dont nous avons besoin à ceux qui ont le pouvoir et le désir de nous le donner. C'est ainsi que l'homme pria ses dieux et prie encore, car le cri prolongé et profond de l'humanité vers le ciel continuera jusqu'à la fin des temps. Et quelque grossière et hideuse que puisse être l'idole à laquelle le pauvre sauvage expose ses besoins ou ses tristesses, rappelons-nous avec respect qu'il y a en lui une âme affamée de son aliment, comme le corps de sa nourriture, et qui soupire après le Dieu invisible que nous appelons notre Père aux cieux. Sans doute dans son ignorance il demande bien des choses inutiles et absurdes qui, si elles lui étaient accordées, lui feraient même du mal. Il ressemble en cela aux enfants qui demandent à leurs parents ce qui n'est pas bon pour eux et qui se croient bien mal traités quand cela leur est refusé.

Maïs, à mesure que l'homme acquiert plus de sérieux et de confiance, il demande des dons meilleurs que les choses qui périssent et, exposant ses besoins et ses anxiétés à l'Etre de toute sagesse, il accepte ce que son Dieu trouvera bon de lui envoyer,

« Sûr que Dieu n'offre rien
A son enfant soumis, qui ne soit pour son bien. »

CHAPITRE XVII.

LE SACRIFICE.

Les relations des hommes entre eux nous expliquent la raison qu'ils eurent pour offrir des sacrifices.

Lorsque nous sentons que nous avons chagriné nos amis ou qu'ils sont fâchés contre nous pour une raison ou pour une autre, notre premier désir est de calmer leur déplaisir en leur offrant quelque chose, et nous montrons aussi par des dons notre amour et notre reconnaissance à ceux que nous aimons et pour les bontés desquels nous éprouvons de la gratitude.

C'est ainsi que commencèrent les sacrifices et les offrandes aux idoles et aux pouvoirs visibles et invisibles du bien et du mal ; et cette coutume a continué jusqu'à nos jours sous différentes formes chez toutes les nations : on offrait un sacrifice par reconnaissance ou pour apaiser les dieux irrités qu'on considérait souvent comme des hommes, mais plus grands, et qu'on espérait calmer comme des personnes de mauvaise humeur.

Naturellement les hommes offraient ce qu'ils avaient de meilleur et choisissaient comme dons pour les dieux les plus beaux fruits et les plus belles fleurs, ou bien ils brûlaient, sur des pierres entassées qu'ils nommaient un autel, les animaux sans tache de leurs troupeaux. Et comme on croyait que, pour apaiser la colère du dieu, pour s'assurer son secours ou éloigner sa vengeance, il fallait renoncer à ce qu'on avait de plus cher, on sacrifiait la vie de ceux qui vous tenaient de plus près ; c'est là une des principales causes des rites hideux et horribles dont la pensée vous glace le sang et dont tous les pays et tous les âges ont été le théâtre.

Le bon Père de tous « n'est pas le Dieu des morts, mais des vivants » et n'aime pas un sacrifice de sang et de mort. Le sacrifice qui lui est agréable est celui de cœurs qui, pleins de douleur pour avoir péché et pour l'avoir attristé en s'éloignant de ses bras paternels, veulent renoncer à leurs fautes, à leur égoïsme, cause de tant de mal, et s'efforcer de faire sa volonté sur la terre comme elle est faite dans le ciel. C'est maintenant seulement que les hommes commencent à apprendre cette grande vérité, quoique bien des siècles se soient écoulés depuis qu'elle fut enseignée pour la première fois ; c'est qu'on a toujours trouvé plus facile d'adopter certaines croyances ou de payer de l'argent pour faire pratiquer certaines cérémonies, que de s'efforcer, jour par jour, à remplir les commandements de Dieu.

CHAPITRE XVIII.

MONOTHÉISME OU CROYANCE EN UN SEUL DIEU.

En approchant de l'époque où s'éclaircit l'histoire des croyances religieuses de l'homme, nous observons que ses idées s'élèvent et s'ennoblissent. D'abord il lui sembla que, dans le ciel au-dessus de lui comme sur la terre, il ne régnait que confusion; mais en observant plus attentivement le cours des évènements, il vit que l'ordre et non le désordre, un plan et non un hasard aveugle, régissaient l'univers. La tempête, qui portait le ravage parmi les produits de son industrie, purifiait l'air et emportait la maladie; le feu destructeur devenait, lorsqu'il eut appris à y mettre un frein, un utile serviteur; la nuit, qui remplissait l'air de mauvais esprits, l'invitait à un doux repos; ce qu'il avait regardé comme des calamités se changeait en bénédictions, et ce qui paraissait discord dans la nature devenait harmonie pour celui qui savait comment toucher les cordes.

L'homme avait d'abord adoré ce qui lui paraissait le plus *fort* et craint ce qui semblait lui être le plus nuisible; mais à mesure qu'il acquit du savoir et de la sagesse, il adora ce qu'il y avait de *meilleur*. Cela provint d'un sentiment que je viens de décrire, qu'il y avait au-dessus de tout, autre chose qu'une force écrasante. Nous avons vu qu'à la première apparition de l'homme sa vie était une lutte continue contre des forces de toutes sortes et que la seule loi était celle de la force. Il suffisait de s'approprier une chose et de savoir la conserver pour y avoir droit. Outre son habileté à se défendre par la force ou par la ruse, l'homme possédait le pouvoir de nuire, d'être cruel sans motif et de faire le mal pour le plaisir de le faire, et l'histoire témoigne du triste usage qu'il en fit. Inférieur en cela à la bête qui tue pour assouvir sa faim, il tuait son semblable pour satisfaire son ambition sans frein et commettait des ravages dont des siècles de travail n'ont pas encore pu faire disparaître les traces. A mesure que la famille humaine se multiplia, il devint évident que, si l'homme continuait à se servir à son gré de ce pouvoir de nuire, de piller et de tuer, la ruine était inévitable. Pour que l'humanité pût progresser et vivre en paix, il fallut que chacun apprît à respecter les droits des autres et à leur faire ce qu'il voulait qu'on lui fît à lui-même. Il fallait faire des lois pour rendre possible ce qu'on appelle la *société* ; celui qui les violait et nuisait aux autres par malveillance était puni. Il y a un sentiment, plus profond que celui du devoir envers les autres, qui faisait comprendre à l'homme qu'il faisait mal en leur nuisant.

Il y a en chacun de nous, lorsque nous hésitons entre le bien et le mal, quelque chose qui parle d'une voix claire et distincte.

Si, quand nous sommes tentés de mal faire, nous savons ce qui est bien, d'où le savons-nous ? Si après chaque bonne action, après chaque devoir fidèlement rempli, nous éprouvons une paix ineffable, d'où vient-elle ? Le soleil et la lune ne peuvent pas discerner le bien du mal ni nous aider à en comprendre la différence. Les étoiles du ciel et les pierres de la terre ne savent rien des devoirs et se meuvent ou sont immobiles, réglées par d'autres lois que la loi de l'amour.

Dieu seul est la source de ce sentiment de paix, et nul autre que lui.

> « Elle est à lui la voix si suave et si sainte,
> Douce haleine du soir qui le calme a donné,
> Qui réprime la faute et bannit toute crainte,
> Qui, quand elle nous parle, a déjà pardonné. »

Je vous en supplie, n'étouffez jamais la voix de la conscience; car, quand elle parle, vous êtes dans le sentier du danger; ce n'est que quand vous êtes fort qu'elle est silencieuse, mais toujours éveillée, jamais endormie. N'essayez jamais, je vous en supplie, de déplacer ce juge qui ne quitte pas son siége, mais qui est là, pesant à tout instant dans sa balance toutes les pensées et toutes les actions.

Car ce que nous reconnaissons en nous comme la loi la plus sacrée doit se trouver dans sa perfection en celui dont l'autorité se fait ainsi entendre en nous. Et comme les lois de Dieu procèdent de son amour, il s'ensuit qu'en les remplissant nous demeurons dans la charité et que, par conséquent, nous demeurons en Dieu. Enfin l'homme, épuisé par les fatigues de la route, arriva au repos et vint à croire en un seul Dieu, Père de tous les hommes, « Créateur du ciel et de la terre et de toutes choses visibles et invisibles, » et à croire que « l'aimer de tout son cœur vaut mieux que tous les holocaustes et tous les sacrifices. »

C'est par un raisonnement analogue à celui que j'ai tâché de vous expliquer que l'homme arriva à cette sublime croyance. Encore n'est-ce qu'une petite partie du genre humain qui est arrivée à cet heureux résultat; la plus grande partie adore encore beaucoup de dieux, des dieux bons, mauvais ou médiocres.

Même les hommes qui sont arrivés à la croyance en un seul Dieu, se le sont d'abord figuré sous la forme d'un homme. Pour les peuples des contrées froides et âpres du nord, il était représenté par le tonnerre ; pour ceux du sud, vivant au bord d'eaux tranquilles et sous un ciel d'azur, il était l'Etre de toute beauté ; pour l'habitant des plaines, à l'âme fortement trempée et à la franchise un peu brusque, il était une puissance portée sur les ailes du vent, un être avec les sentiments et les passions d'un homme.

Il a fallu les grands maîtres qui se promenaient dans les bosquets de la belle Athènes et un autre plus grand encore qui, fatigué, s'assit près d'un puits, en Samarie, pour répandre sur Dieu des idées qui ne peuvent être surpassées.

Et pourtant l'histoire nous dit qu'en ceci comme en d'autres choses les nations sont retombées. Elles ont oublié Dieu comme les enfants d'Israël, qui, après avoir reçu son commandement de n'adorer aucune image, se formèrent une idole comme le bœuf sacré de l'Egypte qu'ils venaient de quitter.

De même qu'il y a des races sauvages qui se trouvent encore à cet âge de pierre, qui était le commencement du progrès et que l'Europe a dépassé depuis bien des milliers d'années, il existe aussi des races qui ne se sont pas élevées au-dessus des idées les plus grossières sur les esprits dans les choses inanimées. *Elles nous montrent ce que nous étions ; nous sommes aujourd'hui, ce qu'il faut espérer qu'elles deviendront.* Cette pensée nous donne l'espoir que, comme Dieu n'a rien fait en vain, il accordera aux pauvres sauvages ignorants de savoir, dans une vie à venir, ce qui leur a été caché ici-bas, sans que le blâme puisse retomber sur eux.

CHAPITRE XIX.

TROIS HISTOIRES SUR ABRAHAM.

Les idées les plus élevées de chaque époque étant celles des esprits les plus élevés, il est évident que, dans tout âge, il s'est trouvé des hommes plus sérieux, aux vues plus étendues que celles de leur entourage qui, sentant que cette vie grande et solennelle est donnée pour quelque chose de plus noble que de manger et s'enrichir, se demandaient pourquoi ils étaient ici, où ils allaient et d'où venait ce qu'ils voyaient autour d'eux. Vous entendrez parler plus tard de ces hommes qui ont enrichi la terre de leurs saintes vies, et des nobles pensées dans lesquelles ils ont exprimé leurs efforts pour atteindre la vérité ou, ce qui revient au même, pour atteindre Dieu; mais je veux remplir ma promesse de vous parler de l'un de ces hommes, un des premiers de l'époque historique, qui semble s'être pénétré de la foi en un seul Dieu et qui nous l'a transmise par d'autres.

Abraham, car c'est de lui que je parle, est né dans la contrée appelée la Chaldée. Le ciel pur de ce pays oriental invitait ses habitants à l'étude si intéressante du soleil, de la lune et des étoiles, et non-seulement ils adoraient ces astres, mais cherchaient à prédire, grâce à eux, le sort des hommes. Un ancien historien nous dit que chaque Chaldéen avait un sceau et un bâton portant le signe de la planète ou des étoiles observées à sa naissance. On a dit que Ur, le lieu de naissance d'Abraham, était le centre principal de l'adoration du soleil et que son nom signifie lumière ou feu. Nous pouvons affirmer qu'Abraham passa ses premières années parmi les adorateurs du soleil, et cela vous intéressera peut-être d'apprendre que sa mémoire et son nom sont honorés non-seulement par les Juifs, mais aussi par les Perses et les Mahométans.

Parmi les histoires qu'ont conservées sur lui certains anciens livres, nous trouvons les suivantes :

Térah, le père d'Abraham, était un faiseur et un vendeur d'idoles. Un jour qu'il était obligé de s'absenter, il confia ses idoles aux soins d'Abraham. Un vieillard vint et demanda le prix de l'une de ces idoles. « Vieillard, » dit Abraham, « quel âge as-tu ? » — « Soixante ans » répondit le vieillard. » — « Soixante ans ! » dit Abraham, » et tu veux adorer un objet que les esclaves de mon père ont fait en quelques heures ? C'est étrange qu'un homme de soixante ans veuille incliner sa tête blanche devant une créature pareille. » Le vieillard, rouge de honte, s'en alla ; puis vint une femme d'un air sérieux qui apportait un don pour les dieux. « Donne-le leur toi-même, » dit Abraham, « tu verras avec quelle avidité ils le dévoreront. » Et elle le leur donna. Alors Abraham prit un marteau et brisa toutes les idoles, à l'exception de la plus grande, dans la main de laquelle il plaça le marteau. Lorsque Térah revint il fut fort en colère et demanda quel être indigne et profane avait osé insulter ainsi les dieux. « Oh ! » dit Abraham, « pendant ton absence une femme apporta cette nourriture aux dieux et les plus jeunes se mirent à manger. Le vieux dieu, furieux de leur audace, prit le marteau et les mit en pièces. » — Te moques-tu de ton vieux père ? dit Térah ; » ne sais-je pas qu'ils ne peuvent ni manger ni se mouvoir ? » — « Et pourtant, » dit Abraham, « tu les adores et tu voudrais me les faire adorer aussi. » L'histoire ajoute que Térah, dans sa colère, envoya Abraham au roi pour être jugé pour son crime.

Nemrod dit à Abraham : « Tu ne veux pas adorer les idoles de ton père, alors adresse tes prières au feu. »

Abraham. — Pourquoi pas à l'eau qui peut éteindre le feu ?

Nemrod. — Eh bien, prie l'eau.

Abraham. — Pourquoi pas les nuages qui contiennent l'eau ?

Nemrod. — Alors prie les nuages.

Abraham. — Pourquoi pas le vent qui chasse les nuages devant lui ?

Nemrod. — Alors prie le vent.

Abraham. — Ne t'irrite pas, oh roi ! — je ne puis adresser mes prières ni au feu, ni à l'eau, ni aux nuages, ni au vent, mais seulement au Créateur de toutes choses ; c'est lui seul que je veux adorer.

Une autre fois, Abraham sortit d'une caverne où il s'était retiré et se tint dehors à la surface du désert. Et lorsqu'il vit le soleil briller dans toute sa splendeur il fut remplit d'étonnement et il se dit: « Certes, le soleil est Dieu le Créateur. » Et il se prosterna et adora le soleil. Mais quand le soir arriva, le soleil se coucha à l'occident, et Abraham se dit : « Non, l'auteur de la création ne peut pas disparaître. » Puis la lune se leva à l'orient, et les étoiles brillèrent dans le ciel. Alors Abraham dit : « Il faut que cette lune soit Dieu et les étoiles sont ses serviteurs. » Et, se prosternant, il adora la lune. Mais la lune disparut aussi, et à l'est apparut de nouveau la face radieuse du soleil. Alors Abraham dit : « En vérité ces corps célestes ne sont pas des dieux, car ils obéissent à des lois ; j'adorerai celui aux lois duquel ils obéissent. »

CHAPITRE XX.

CROYANCE DE L'HOMME EN UNE VIE FUTURE.

Les idées grossières sur les esprits et les rêves, et les coutumes que nous avons observées aux funérailles nous montrent que, toutes vagues qu'aient été les idées de l'homme sur une autre vie, il a, dès les premiers temps, cru que l'âme ou le *souffle* quitte le corps que la mort a laissé froid et inanimé pour habiter ailleurs. Les races humaines les mieux douées comme celles qui sont les moins développées, ont essayé de se former une idée de cet état bienheureux où le bonheur est accordé aux bons et où des amis, aimés jadis et perdus pour un temps, viendront, anges souriants, à notre rencontre, et aussi de se figurer cet état de ténèbres où l'on n'éprouve que misère et désespoir.

Parmi les suppositions sur l'âme, on a pensé qu'elle passait dans un autre corps, peut-être dans celui d'un animal, puis dans des formes de plus en plus élevées, jusqu'à ce qu'elle atteignît le séjour des dieux.

L'homme a placé son ciel dans une île lointaine des bienheureux, ou dans un pays favorisé,

« Heureux, beau, tout orné de vergers, de pelouses,
De vallons ombragés, baignés de flots d'azur. »

ou à l'ouest, où se couche le soleil, ou encore dans le soleil, la lune et les étoiles. Les images qu'il s'en est faites, il les a copiées de la terre et tout ce qu'il aime ici-bas, que ce soit pur ou grossier, il espère l'avoir là-bas en grande abondance et voir exclu de ce séjour heureux tout ce qu'il craint ici.

Laissant bien loin derrière nous la grossière idée du sauvage, nous trouvons la conception du ciel la meilleure et la plus consolante si, pénétrés de la sainteté du devoir, nous voyons en chaque lieu de la terre un endroit sacré où nous pouvons nous agenouiller; alors nous croirons que tout ce qu'il y a ici de plus beau, de plus noble et de meilleur sera notre part dans le ciel, n'importe où ce ciel se trouve. Il y a, dans un ancien livre sacré de la Perse, une belle allusion à la pensée que les mondes de Dieu sont en rapport les uns avec les autres. On décrit l'âme d'un homme de bien que reçoit dans l'autre monde une belle jeune fille, « noble, au visage radieux, âgée de quinze ans, belle de taille comme la plus belle des créatures. Alors l'âme de l'homme pur lui demande : Qui es-tu, toi, la plus belle des jeunes filles que j'aie vues ici? » Elle répond : « Je suis, jeune homme, tes bonnes pensées, tes paroles, tes actions, ta bonne loi, la loi de ton propre corps. Ce qui était agréable tu l'as rendu plus agréable pour moi, ce qui était beau tu l'as rendu plus beau. »

Comme tous nous aimons lire les hymnes du ciel; en voici un que vous n'avez peut-être pas encore vu. Il a été écrit il y a des milliers d'années par un Arien à l'âme grande, et il est plein d'une musique qui ne cesse de vibrer :

Place-moi, oh Soma, là où la lumière est éternelle, dans le monde où le soleil est placé, dans ce monde immortel, impérissable!

Où règne le roi Vaivasvata, dans le lieu secret où se trouve le ciel, où sont les eaux puissantes, là rends-moi immortel !

Où la vie est libre, dans le troisième ciel des cieux, où les mondes sont radieux, là rends-moi immortel !

Où sont les souhaits et les désirs, au lieu du brillant soleil, où sont la liberté et les délices, là rends-moi immortel !

Où sont le bonheur et les délices, où résident la joie et le plaisir, où sont satisfaits les désirs de notre cœur, là rends-moi immortel !

XXI.

LIVRES SACRÉS.

Si ce livre ne vous a appris rien d'autre, j'espère qu'il vous a appris que les diverses croyances de l'humanité sur Dieu sont dignes de notre attention.

Peu d'entre nous vivent ici-bas plus de soixante ou soixante-dix ans ; et si nous retranchons le temps qu'il faut pour manger, travailler et dormir, il n'en reste pas beaucoup pour étudier un peu le monde dans lequel nous sommes appelés à vivre Nous ferons bien d'employer quelques moments de loisir à demander de quel œil d'autres ont regardé la beauté et les mystères autour d'eux et comment leurs cœurs en ont été impressionnés.

Il n'y a pas si longtemps que des hommes, même de bonne intention, jugeaient indignes de leur attention les différentes religions du monde, ou, s'ils les étudiaient, y voyaient des preuves de l'aversion de l'homme pour tout ce qui est bon et vrai. Mais des hommes plus sensés et plus sérieux sentirent qu'il fallait tâcher de les comprendre et de découvrir qu'elles réponses d'autres ont données aux questions que tous nous nous posons sur Dieu, sur le vaste univers et sur la vie et la mort. Ces réponses peuvent être faibles et obscures, mais comme elles sont les meilleures qui aient pu être alors obtenues, elles ont droit à notre respect. Nous ne rendons pas notre religion plus vraie en appelant d'autres religions fausses, et nous ne lui ôtons pas de sa valeur en admettant le bien qui peut se trouver dans d'autres. Une étude même rapide des livres sacrés d'autres religions, dont quelques-unes sont plus anciennes que la nôtre et en lesquelles croient encore des centaines de millions d'hommes, nous donne cet enseignement, que Dieu n'a jamais été sans témoin parmi eux. Ces livres sacrés, qu'ils regardent comme sa parole, leur sont aussi chers que notre Bible nous est chère à nous. Là se trouvent les préceptes qui leur ont été inculqués et que de nouvelles expressions ne rendaient pas. Il est vrai que ces livres contiennent bien des histoires absurdes, des mythes, des légendes, des idées grossières sur Dieu, mais ces défauts se retrouvent dans tous les anciens livres, et leurs erreurs ne rendent pas moins vraie la vérité qu'ils contiennent. Un diamant reste un diamant, lors même que nous le trouvons dans un tas d'ordures.

Si je vous faisais une description de différents anciens livres, j'aurais à vous citer une liste de noms difficiles ; je préfère prouver ce que j'ai avancé en vous faisant connaître quelques hymnes et quelques prières de ces livres.

L'hymne sur le ciel vient du très ancien livre sacré des Brahmanes ; voici une partie d'un autre hymne du même livre :

Au commencement s'éleva l'auteur de la lumière dorée.
Il est le seul Seigneur de tout ce qui existe.
Il établit la terre et le ciel. Qui est le Dieu à qui nous offrirons nos sacrifices ?
Celui qui donne la vie, celui qui donne la force, dont la bénédiction est désirée par toutes les divinités radieuses, dont l'ombre est l'immortalité, dont l'ombre est la mort.
Qui est le Dieu a qui nous offrirons nos sacrifices ?
Celui qui, par sa puissance, est le seul Roi du monde, qui

respire et s'éveille; celui dont ces montagnes de neige, la mer et le fleuve lointain proclament la puissance.

Celui par qui fut établi le ciel, — oui, le ciel le plus élevé; celui qui distribua la lumière dans l'air...

La prière suivante vient du même livre. Varuna, à qui elle est adressée, est un des principaux dieux, et son nom signifie « celui qui entoure. »

Ne me laisse pas encore, ô Varuna! entrer dans la maison d'argile. Aie pitié, Tout-Puissant, aie pitié!

J'ai erré par faiblesse. Aie pitié, Tout-Puissant, aie pitié!

Chaque fois, ô Varuna! que nous, mortels, nous péchons devant la multitude céleste, chaque fois que, par légèreté, nous transgressons ta loi, aie pitié, Tout-Puissant, aie pitié!

Voici quelques préceptes tirés d'un des livres sacrés des Bouddhistes, qui ne seraient pas déplacés dans notre beau livre des Proverbes :

Conquérez la colère par la douceur, le mal par le bien, le mensonge par la vérité.

Ne cherchez pas à découvrir les fautes des autres, mais efforcez-vous de n'en pas commettre vous-mêmes.

Celui qui sait se vaincre est un guerrier plus puissant que celui qui défait des milliers en bataille. (Comparez avec Proverbes XVI, 32.)

Tout est pur à l'homme vertueux. C'est pourquoi ne pensez pas que d'être nu, de jeûner, ou de se coucher à terre, rendra pur l'homme impur, car son cœur sera resté le même.

Je crois que Jésus-Christ dirait à tout Brahmane et à tout Bouddhiste s'efforçant de suivre ces préceptes, les paroles qui réjouirent le cœur du Scribe juif : « Tu n'es pas loin du royaume de Dieu. »

XXII.

CONCLUSION.

Les histoires sont souvent si pleines de dates marquant le commencement du règne des rois, leur mort, les batailles célèbres qui furent livrées, que peut-être cette histoire des premiers hommes, qui n'a guère de date, vous paraît vague et confuse.

Mais nous avons traversé des époques si vastes, qu'elle aurait été plus confuse encore si j'avais parlé d'années dont nul de nous ne peut saisir le nombre et pris des chiffres imaginaires avec de longues rangées de zéros.

C'est à travers cette époque de crépuscule dont je vous ai parlé dans les premières pages de ce petit livre que j'ai essayé de vous guider. J'ai deviné aussi peu que possible et utilisé le bon sens pour interpréter l'histoire que contiennent les os, les couteaux de silex, les armes de métal, l'écriture figurée, les mots et autres choses. C'est une histoire du progrès lent, mais sûr, qui commença au commencement des temps et continuera jusqu'à la fin des temps.

J'aurais voulu rendre cette histoire aussi belle et attrayante pour vous qu'elle l'est pour moi, mais il m'a semblé qu'il valait mieux l'esquisser légèrement que de ne pas la raconter du tout.

Les faits scientifiques ne sont pas, comme on le pense, des sujets secs, sans vie. Ils sont vivants et remplissent de la plus douce poésie l'oreille qui les écoute et d'une harmonie de couleurs ineffaçable l'œil qui les regarde. Ils ne donnent pas seulement ces plaisirs élevés et durables, ils apportent le pain de chaque jour, la santé et le confort à des milliers qui, sans ces connaissances, auraient mené une vie incomplète.

Si vous voulez suivre un bon conseil, vouez une partie de votre temps à l'étude d'une branche scientifique. Que vous choisissiez l'astronomie, la botanique, la chimie, la géologie, peu importe, car toutes ces sciences abondent en merveilles et en beautés, et la vie est trop courte pour les découvrir toutes.

Avec l'esprit ainsi orné, plus d'une heure qui aurait pu paraître longue sera remplie de musique, plus d'une nuit étoilée, que d'autres ne remarquent pas, nous montrera des astres familiers et, dans plus d'une contrée, laide et nue à l'œil non exercé, nous verrons les lignes de beauté tracées par la main de son Créateur. Je crois que cette histoire nous montre que Dieu a voulu que le progrès de l'homme dépendît grandement de lui-même; tâchons donc de ne rien faire qui puisse y faire obstacle. Notre savoir ne nous rendra heureux que si nous avons appris à nous en servir prudemment et si nous avons reconnu qu'avec le savoir seul la vie n'est pas complète. Si, nous occupant des choses visibles, nous marchons avec la foi dans les choses invisibles, notre vie sera belle et bénie.

FIN.

IMPRIMERIE PAUL LEPRÊTRE ET Cie, A DIEPPE.

LIBRAIRIE GERMER BAILLIÈRE & Cie

EDWARD CLODD. **L'enfance du monde.** Simple histoire de l'homme des premiers temps, 1 vol. in-12 .... 1 fr.

EVANS (John). **Les âges de la pierre.** Grand in-8, avec 467 fig. dans le texte. 15 fr. — En demi-reliure ...... 18 fr.

EVANS (John). **L'âge du bronze.** Grand in-8 avec 540 figures dans le texte, br., 15 fr. — En demi-reliure .... 18 fr.

JOLY. **L'homme avant les métaux.** 1 vol. in-8, avec fig., 3e édition .... 6 fr.

LUBBOCK (sir John). **L'homme préhistorique,** suivi d'une Description comparée des mœurs des sauvages modernes, 526 figures intercalées dans le texte. 1876. 2e édition, suivie d'une conférence de M. P. Broca sur les *Troglodytes de la Vezère*. 1 beau vol. in-8, br .... 15 fr.
    Car. riche, doré sur tranche .... 15 fr.

LUBBOCK (sir John). **Les origines de la civilisation.** État primitif de l'homme et mœurs des sauvages modernes. 1877, 1 vol. grand in-8 avec figures et planches hors texte. Traduit de l'Anglais par M. Ed. Barbier. 2e édit. 1877. 15 fr.
    Relié en demi-maroquin avec nerfs .... 10 fr.

PIETREMONT. **Les chevaux dans les temps historiques et préhistoriques,** 1 vol. grand in-8 .... 15 fr.

ZABOROWSKI. **L'homme préhistorique,** 1 vol. in-18, br. 60 cent. — Cart. à l'Anglaise .... 1 fr

IMPRIMERIE PAUL LEPRÊTRE ET Ce, A DIEPPE.

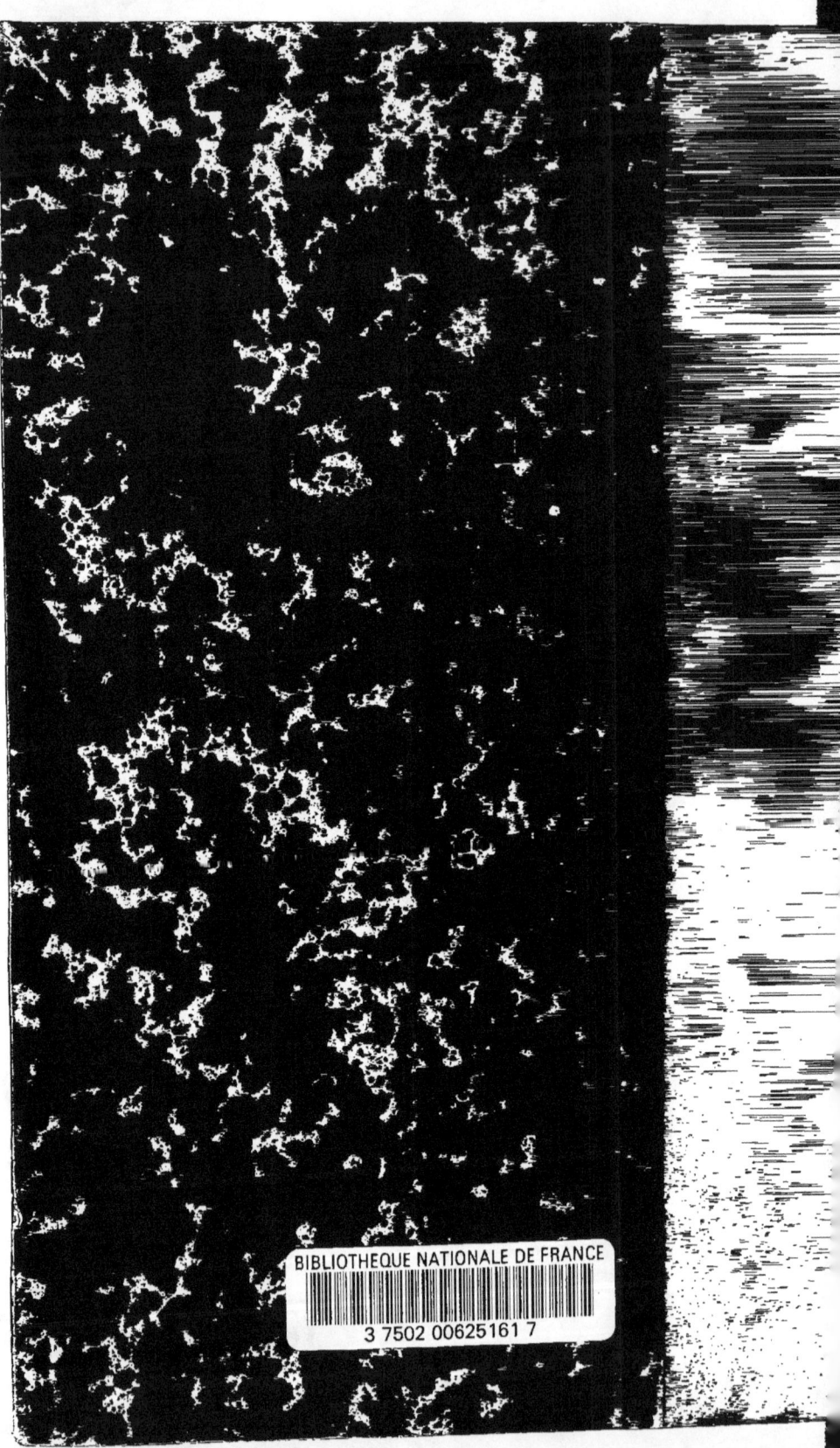

www.ingramcontent.com/pod-product-compliance
Lightning Source LLC
Chambersburg PA
CBHW070526100426
42743CB00010B/1964